JN044303

V6
―ラストメッセージ―

Last
MUSIC FOR THE PEOPLE

永尾愛幸

太陽出版

プロローグ

長瀬智也のジャニーズ事務所退所が間近に迫り、またKinKi Kids・堂本剛が「3月末に6月退所を発表するらしい」との無責任な噂がテレビ界で囁かれていた最中の3月12日――。

まったく噂にも上らなかったV6が、デビュー26周年の11月1日をもって解散することが発表された。

解散に伴い、森田剛はジャニーズ事務所を退所。

残るメンバーの坂本昌行、長野博、井ノ原快彦、三宅健、岡田准一はジャニーズ事務所に所属して個人活動を続けていく。

また坂本、長野、井ノ原の〝20th Century〟は存続するが、森田が抜ける〝Coming Century〟は活動を終了する。

先輩のSMAP、TOKIOがメンバーの脱退や解散を経験してきた中、V6は唯一、デビュー25周年を無事に迎えることが出来たグループだった。

「1995年11月1日に『MUSIC FOR THE PEOPLE』でCDデビューして以来、1人のメンバーも欠けず、多少の恋愛スキャンダルはあったものの、誰かが謹慎して残るメンバーで活動を余儀なくされるようなこともありませんでした。デビュー25周年を迎えた際には〝勤続25年の男たち〟と自らネタにするなど、軽い自虐の中にも彼らなりのプライドが垣間見られたものです」（ジャニーズに詳しい放送作家氏）

そんなV6は、ジャニーズにおける〝バラエティの完成形〟とテレビ界では評価されている。

まずはSMAPが『夢がMORI－MORI』（1992年4月～1995年10月）で切り開き、『SMAP×SMAP』（1996年4月～2016年12月）で時代を席巻。

SMAPの背中を追いかけるTOKIOはあえて〝SMAPがやらない〟ジャンルに進み、『ザ！鉄腕！DASH!!』（1995年11月～現在）、『ガチンコ！』（1999年4月～2003年7月）で大きな結果を残した。

その2組の、いわば〝いいとこ取り〟でブームを起こしたのが、V6の『学校へ行こう！』（1997年10月～2008年9月）だったのだ。

「後に嵐がジャニーズの〝バラエティ王（キング）〟扱いをされましたが、内容も視聴率もその3組の足元にも及びません。嵐がお手本にしていたのはJr.時代にバックダンサーを務めていたV6で、視聴者を傷つけずにウケを取るスタイルは、櫻井翔も『すべてV6から学んだ』──と振り返っています」（同ジャニーズに詳しい放送作家氏）

確かにテレビ界でも「V6ほど〝優しい〟グループはいなかった」と言われてきた。

代表作の『学校へ行こう!』のヒット企画〝未成年の主張〟では、一歩間違えれば出演者が晒し者になり、イジメの対象になる可能性がある企画が成功したのも、見届け人・V6が優しく見守る姿に視聴者が感情移入したからだ。

それゆえ彼らが出演する番組は、バラエティに限らず世代や性別を越えて楽しむことが出来たのだろう。

だからいまだに『学校へ行こう!』が、スペシャルとして定期的に復活しているのだ。

「ゴールデンタイムの大型レギュラーこそありませんが、深夜帯でもレギュラーを続けてこられたのは、テレビ界に『学校へ行こう!』で育ち、〝V6と仕事をしたい〟一心でギョーカイ入りした若手スタッフが少なからず存在していることを意味しています。お笑い芸人にとっての〝お笑いの教科書〟が松本人志なら、若手テレビマンの多くは『学校へ行こう!』を教科書にして育ったのです」（同氏）

また今回、V6の解散についての事務所発表に――

「メンバー全員が40歳を迎え」
「V6の節目に向き合う」

――という文言が書き添えられていたことにも注目しなければなるまい。

解散のきっかけは森田剛がジャニーズ事務所を離れ――

『違う環境でチャレンジしたい』

――と申し出たことにあったとしても、全員で迎えた節目にこそ本当の理由があったのだ。

本書は今回、最新のエピソードに加えて過去のエピソードを掘り起こしながら、V6の集大成をお届けするつもりだ。

この一冊で彼らの26年をご堪能頂ければ――と願う。

Contents

目次

1st Chapter ——

V6

過去 〜 現在

NOW and THEN

坂本昌行と中居正広を結びつける〝リーダー同士の絆〟

私は6年前の10月、V6のエピソードBOOK『V6～6人の絆、明日への誓い～』を上梓させて頂いている。

プロローグでも少し触れているが、今回、当時印象に残っているエピソードをピックアップし、過去と現在を1本の線で繫いでみたいと思う。

まずはリーダー、坂本昌行のエピソードから——。

それは1995年の夏、新しいグループのデビューとメンバー構成がジャニーズJr.内で囁かれ始めた頃だった。

「ジャニーズJr.の人数も今ほどではないにせよ、デビューに関する情報が秘密主義だったことは変わりません。V6の場合、前年にJr.内ユニットのTOKIOがデビューしたばかりだったので、次はどんな編成のユニットがデビュー候補になるのか、様々な憶測が飛び交っていましたからね」

SMAPやTOKIOをジャニーズJr.の頃から見守っていたテレビ朝日のプロデューサー氏は、『V6～6人の絆、明日への誓い～』で坂本昌行のエピソードを話してくれた人物だ。

「V6のデビュー直後、坂本くんに『**中居くんのおかげで腹が座った**』──と明かされたエピソードを、以前はお話ししたと思います。当時、坂本くんはジャニーさんに呼ばれてV6のメンバーに入ることを告げられると同時に、年の離れたメンバーをリーダーとしてまとめることも指示されていた。そのことを坂本くんが付き人を務めていた東山紀之くん、先輩グループのリーダーでもある中居正広くんと城島茂くんの3人だけに明かしたのですが、中居くんからリーダーとして〝やるべきこと〟をアドバイスされ、坂本くんは自分がやるべき役割をハッキリと意識したといいます」（テレビ朝日プロデューサー氏）

今回、私はそのプロデューサー氏に〝その後〟を尋ねてみた。

皆さんには6年前のエピソードを改めて振り返って頂き、そこから『今』へと1本の線を繋げていきたい。

中居正広が坂本昌行に贈った〝リーダー心得〟のアドバイス

「中居くんから見て、TOKIOのリーダーはJr.の先輩で年令も上。V6のリーダーはJr.の後輩だけど年令は上。彼がずっと〝城島くん〟〝坂本くん〟で通しているのは、いくらグループの結成、CDデビューが早くとも、年上の2人には敬意を表しているからです。当時のジャニーズのルールでは、デビュー順に順列がつきましたからね」

かつてSMAPやTOKIOのジャニーズJr.時代からレッスンを見守っていたテレビ朝日のプロデューサー氏は、「その点は中居くんが野球少年だったことも関係しているでしょう」と、懐かしそうに当時を振り返る。

「少年野球や中学の部活では、学年による年功序列が出来ています。たとえば中居くんがチームのエースで4番バッターだとしても、年上の補欠選手に対しては礼を尽くさなければならない。ジャニーズや芸能界とは少し違う、完全な年功序列社会だからです」（テレビ朝日プロデューサー氏）

V6がデビューした時、SMAPはすでにデビューから5年目の活動に入っていた。

「さすがにそこまで差があり、しかもリーダー歴も長い中居くんですから、坂本くんにアドバイスを贈るのは至極自然な流れ。ただ問題は、その中身でしょう。かなり大胆な発言でもありましたからね」（同プロデューサー氏）

その中居からのアドバイスは、たった一つ。

リーダーとしてグループをまとめていく上で、「鬼になれ！」と言っているかのような言葉だった。

『俺がV6のリーダーになる時、中居くんに――

「怒る時は本気で怒れ。じゃないと誰もついてこなくなるぞ」

――ってアドバイスしてもらったんです。

普通は怒鳴り散らしてるリーダーがいたら、ついていきたくなくなるから、

〝マジに怒って大丈夫なの？〟……って、かなり悩みましたね。

たぶん、俺と岡田は9才も違う上に、

アイツが番組経由で入ってきたことを中居くんが心配してくれてたんですよ。

前例がないパターンですから。

きっと俺が、「ジャニーズ伝統の体育会系を押しつけられないだろう」――って。

岡田には申し訳なかったけど、若い頃に俺から無駄に怒られたのは、

すべて中居くんに責任があると言っても過言ではないんです。

だから俺を恨まないで、今さらなんだし（笑）』

当時を振り返って、そう話す坂本。

それにしても、岡田が坂本にそんなに怒られていたとは。

「いわゆる芸能界のしきたりとか、そういったことで小言を言ったようです。岡田くんは遅れを取り戻そうと、レッスンやリハーサルは超生真面目に取り組んでいて、生活態度も含めて怒るところがなかった。年の近い森田くんと三宅くんがすぐに岡田くんを認めたのも、『アイツは誰よりも頑張っていた』『岡田を憎んだり嫌いになったりする理由は微塵もない』——と話していたほど。だったら中居くんのアドバイスとはいえ、坂本くんも頑なになる必要もなかったんですよ（苦笑）」（同氏）

間違いなく〝無駄に怒られていた〟岡田。

しかしそれも、グループを束ねる上で必要なリーダーの役目。

岡田には申し訳ないが、今のV6があるのも岡田が坂本に怒られていたから……なのかもしれない。

当時のエピソードは以上だが、果たして今回、坂本昌行はV6の解散についても、事前に中居正広に報告していたのだろうか。

「実は坂本くん、SMAPが25周年ツアーを行うことなく解散した時、中居くんに『V6もいつか解散する時が来る。その時はSMAPを反面教師に、節目はキッチリとキメておけよ』――と言われていたのです。SMAPの独立が取り沙汰された2016年1月は、V6が20周年コンサートを行った数ヵ月後。坂本くんは中居くんと『俺たちは絶対にSMAPが出来なかった25周年（コンサート）をやってみせます』――と約束していたのです」（前出テレビ朝日プロデューサー氏）

坂本は中居の〝遺言〟を守るかのように、昨年、配信とはいえ25周年コンサートを行った。

そして解散発表の日時が決まった時点で、中居には――

『11月1日で解散することになりました』

――の断りを入れていたのだ。

「これは中居くんサイドのスタッフから聞いた話ですが……」

――と断りを入れて、プロデューサー氏はさらにこんなエピソードを語ってくれた。

『11月1日で解散することになりました』との報告を受けた中居は――

『少年隊はヒガシくん一人しか（ジャニーズに）残っていないし、TOKIOも出ていく。
せめてトニセンだけは続けてくれ。
お前らやファンのためだけじゃなく、俺のためにも。
坂本くんたちが現役バリバリで歌って踊る姿は、俺のモチベーションにもなるからさ』

――と、涙腺が緩みそうなメッセージを坂本に伝えたという。

「トニセンの存続は発表の直前まで協議されたそうですが、中居くんのメッセージが少なからず影響したと信じています」（同プロデューサー氏）

これはすでに〝内定〟しているそうだが、V6の解散直前には『中居正広の金曜日のスマイルたちへ』で、V6の2時間SPがオンエアされるとのこと。

そこで交わされるトークも、実に興味深いものになるだろう。

ジャニーズ事務所からは離れたとはいえ、中居正広と坂本昌行の〝リーダー同士の絆〟は深く、そして固く結びついている――。

森田剛を最後まで引き留めた〝頑ななまでに慎重な男〟

長野博は実に〝かたくな〟な男である。

この〝かたくな〟には漢字で頑固の〝頑〟の字が当てはまるが、長野の場合、堅物の〝堅〟を当て字にして〝堅な〟と読ませても通じるのではないだろうか。

それほど、実に〝頑なな男〟なのである。

「もちろんそれは良い意味での〝頑な〟です。彼はジャニーズきっての慎重派を頑ななまでに貫き、調子に乗って道を踏み外すことがない。目の前の仕事に真摯に向き合いながら、次のステップを見極めている。中には〝長野くんがやることは意外性がなさすぎてつまらない〟などと揶揄するテレビマンもいますが、そんな彼らが長野くんの将来を保証してくれるわけではありませんからね。1986年4月、あの城島茂くんよりも3ヶ月早くジャニーズ事務所に入所し、個人的な35周年を迎えたばかりの長野くん。その長寿の秘訣は、彼が〝頑ななまでに慎重であり続けたから〟と言っても過言ではありません」（人気放送作家）

私は長野についても、先のテレビ朝日プロデューサー氏から『V6～6人の絆、明日への誓い～』でエピソードを聞いている。

芸能界にいるからこそ、いかに慎重な言動が大切かがわかる――長野博の矜持

『見た目はコンクリートでも、実際には発泡スチロールにグレーのペイントをしただけかもしれない。
石橋なんて叩いてナンボ。
見た目だけで自分が思い込む、その油断が最大の敵』〈長野博〉

慎重の上にも慎重を重ねてギッチギチにコンクリートで固めたかのような男――それが一部で囁かれる長野博の評判だ。

「確かに慎重派と言われれば少しは聞こえも良いですが、〝単に堅物でビビりなだけ〟と揶揄する人もいます。そんな評判も含め、長野くんらしいとも言えるんですけどね（苦笑）」

長野をV6のデビュー時から見守ってきたテレビ朝日プロデューサー氏は、代官山の某飲食店で長野と出くわした時のエピソードを話してくれた。

「彼は一人で、僕は現場のディレクターと一緒だったので、こちらの席に合流してもらいました。最初は近況の話など。すると時節柄（※2016年夏）、SMAPの解散についての話になったんですよ」（テレビ朝日プロデューサー氏）

特に嫌がる素振りも見せず、長野は――

『急に解散を決めたかのように言われるけど、SMAPは自分が納得しない結論には従わないタイプだから、何ヵ月も話し合いをした末の結論だと思う』

――と熱弁したそうだ。

「あそこまでハッキリと自分の意見を主張するとは思わなかったので、少し驚きました。ただ同時に〝ジャニーズの屋台骨を支える覚悟が出来ているんだな〜〟と、頼もしくも思いましたけど」（同テレビ朝日プロデューサー氏）

そんな長野にプロデューサー氏は、

「これからはもう少し大胆に攻めてもいいんじゃない？」

――と、少し提案してみたという。

「そこまでの気持ちがあるなら、いつも〝慎重すぎるのが欠点〟と言われる自分から脱皮し、弾けてみなよ！

――と励ましたつもりなんですけどね」（同氏）

そのセリフに長野は、こんな言葉を返してきた――。

『僕たちみたいな仕事には、必ず一度や二度の勘違いがつきまとうじゃないですか。

キャーキャー騒がれただけで、自分が天才だと過大評価したり。

僕はJr.に入ってからいろんな経験をしてるから、

本当の自分の才能や実力を正確に把握しているつもりなんです。

だから常に気を引き締め、絶対に勘違いしない。

たとえば〝石橋を三度叩いて渡る〟も、僕に言わせれば「三度？ 少なすぎるよ！」――ですから。

だって「その石橋、何で出来てるの⁉」って話ですよ。

見た目はコンクリートでも、実際には発泡スチロールにグレーのペイントをしただけかもしれない。

石橋なんて叩いてナンボ。

見た目だけで自分が思い込む、その油断が最大の敵。僕は絶対に油断はしません』

ここまで頑なに言われると、さすがのプロデューサー氏も返す言葉がないだろう。

「誰もが簡単に、すぐに調子に乗る芸能界だからこそ、長野くんの考え方が光るんだな……と、むしろ感心させられました。長野くんはこのままでいい、いや変わっちゃダメ。ウサギとカメじゃありませんが、慎重でコツコツと頑張る長野くんだからこそ、間違いなく将来は恵まれるでしょう」（同氏）

時代や流行などは関係ない。
己の生き方に上手いも下手もない。
長野が長野らしく生きること、それがあるべき姿なのだから——。

このエピソードから5年、長野博は〝長野博のままで〟生き続けてくれているのだろうか。
再び今、プロデューサー氏に問いかけてみた。

「実はV6の解散を話し合っている最中、森田剛くんをギリギリまで引き留めていたのは長野くんで、それは盟友の三宅健くんが引き留めるのとは別の意味で『心が揺らいだ』——と、森田くんは話していたそうです」（同氏）

長野は森田にこう語りかけたという——。

『剛がアイドルをやりたくないのなら、V6を解散してもいいと俺は思っている。
でもジャニーズを出なきゃいけないのか？
内海（光司）くんや（佐藤）アツヒロくん、岡本（健一）くんのように、
グループを解散してもウチに残って、自分のペースでやりたい仕事をやっている先輩もいる。
剛はそれじゃダメなのか？』

——と。

なるほど、森田の心が揺らいだのもわかる。

「自分にはない長野くんの慎重な判断力が、これまでのつき合いの中で〝ほとんど間違ったことがない〟と森田くんも認めているからです。結果的には退所の道を選択しましたが、もし彼に後悔する日がやって来るとしたら、それは自分の選択に対する後悔ではなく、〝長野くんの判断に従わなかった〟後悔になるでしょう。もちろん、そんな後悔などして欲しくないですけどね」（同氏）

頑ななまでに慎重な長野博の性格は、いまだ一点の曇りもなく健在なままだった。

そして、頑ななまでに慎重を貫き通す長野博という存在が、ここまでV6が歩んでくることが出来た一因であることは間違いない。

森田剛はそんな長野博を慕い、同時に良き理解者でもあった。

だからこそ彼の意見を、最後まで尊重したのだ。

井ノ原快彦と長野博に築かれた〝信頼関係〟

「たとえば運動部でも、キャプテンが厳しい時は優しい副キャプテンが後輩たちから慕われる。上下で9才の年齢差があるグループだったからこそ、厳しい役割を担わざるを得ない長男（坂本）に比べ、精神的な拠り所になっていた次男（長野）は慕われていたのでしょう」（フジテレビ関係者）

そしてここにもう一人、長野博の良き理解者がいる。

外からは〝気楽な三男〟に見られがちな井ノ原快彦だが、実のところ上の2人と下の3人を繋げる最も難しい〝中間管理職〟を務めてきたのが彼。

そんな井ノ原を長野も気遣い、互いの信頼関係に結びついていたのだ。

「井ノ原くんは写真週刊誌に今の奥様（瀬戸朝香）とのダーツデートを撮られ、2007年に結婚しました。今から15年近く前の話ですが、当時のジャニーズで現役バリバリのアイドルの中で結婚していたのはSMAPの木村拓哉くんだけ。しかもこれまでのジャニーズの歴史において唯一、夫婦揃っての結婚会見を許されたメンバーが井ノ原くんでした。その井ノ原くんが結婚を決意した時、彼の背中を押して〝結婚会見を開くべき〟と応援したのが長野くんだったのです。V6のメンバーの中で2人だけが〝ノースキャンダル〟を通していて（※井ノ原と瀬戸は除く）、だからこそ『井ノ原は遊びじゃない。正々堂々と結婚させてやって欲しい』――と、事務所幹部に対して強く迫れたと聞いています」（同フジテレビ関係者）

もしかすると、それを恩義に感じていたのかもしれない。

井ノ原はずっと――

『長野くんが結婚する時は、俺が一番の味方になるよ』

――と、言い続けていたそうだ。

長野博の結婚を誰よりも喜んだメンバー、井ノ原快彦

「井ノ原くんはかなり本気で『長野くんの人生を真剣に考えてる』――と話していました。それもこれも、長野くんには『どうしても幸せになってもらいたい』からだそうです」

国分太一と井ノ原快彦のレギュラー番組『タイノッチ』（TBS）を通して井ノ原快彦と仲良くなった人気放送作家氏は、その当時に井ノ原から――

『ぶっちゃけ、どう思う？』

――と、なかなか結婚しないのか出来ないのか（※2016年11月29日 結婚発表）、長野博について意見を求められたそうだ。

「ただし別に井ノ原くんが長野くんから相談を受けていたわけではなく、一方的に長野くんのことを心配していただけなんですよ」

井ノ原はレギュラー番組『出没！アド街ック天国』（テレビ東京）のスタッフと食事会をした際、その席で飛び出した発言の一つに〝過剰に反応していた〟という。

「きっとテレ東のスタッフは二児の父親でもある井ノ原くんと、子育てや教育、躾なんかの話をしたかったのでしょう。ところがまったく予想外に、彼はなぜかその話を長野くんに当てはめてしまった」

人気放送作家氏が井ノ原に聞かされたのは、こんなセリフだった——。

『この前、テレ東のスタッフさんたちとご飯食べてる時に聞いた〝教育〟の話なんだけど、

「〝自分が他人の愚痴や悪口を1個言ったら、神様は幸せを2個奪っていく〟

子供に小さい時からそう教え込むと、他人の悪口を言わない子に育つ」——っていう話があるんだって。

その話を聞いた時、まず自分の子供に対してそんな教育をしよう……とか思うんじゃなく、

真っ先に〝長野くんの顔〟が浮かんだんですよ。

長野くんとはJr.時代から27～28年のつき合いになるけど（※2016年当時）、

あの人はほとんど他人の悪口を言わない。

だからきっと、幸せは減るどころか溢れてこぼれるぐらい、溜まりに溜まりまくってると思いますね。

ただし問題なのは、そこに〝結婚〟という名の幸せが含まれていなさそうなところ。

もしかしたら、まだ相手が見つかっていないだけかもしれないけどさ（笑）』

実際には長野は、この2年ほど前の2014年頃から、噂されていたお相手と着々と結婚の準備を進めていたのだが。

「井ノ原くんは長野くんの年令を心配していて、『長野くんは今年44だよ? てかリーダーは45だし! 2人とも老後はどうするつもりだろ』——と真顔で話していました。ファンの皆さんは長野くんが生涯独身を貫くほうが嬉しいでしょうが、現実問題としてそろそろ結論を出さねば、残る人生の設計も立てられませんからね。ちなみに井ノ原くんは『結婚に関しては、俺が大先輩』——と、ドヤってましたけど」(人気放送作家氏)

井ノ原が心配していた長野博44才の2016年11月29日、マスコミに以下のファクスが一斉送信された——。

報道関係の皆様

深秋の候、皆様におかれましては益々ご健勝のこととお慶び申し上げます。

平素は格別のご高配を賜り、厚く御礼申し上げます。


本日11月29日に私共は結婚いたしましたことをご報告させていただきます。

これからの人生をともに歩み力を合わせ、明るく朗らかな家庭を築きながら、お互いより一層仕事に対して精進して参ります。

今後ともご指導、ご鞭撻賜りますよう、何卒よろしくお願い申し上げます。

２０１６年11月29日
長野博
白石美帆

V6では2人目の既婚者になった長野博。

そして年下メンバーたちは長野の結婚でようやく自分たちにも〝解禁〟のタイミングが訪れたと思ったのか、岡田准一と宮﨑あおいが2017年に、森田剛と宮沢りえが2018年に結婚。

瀬戸朝香と白石美帆を含め、何とも豪華な女優陣が〝V6妻〟として脚光を浴びた。

「結婚していないのは今年（2021年）50才になる坂本くんと、42才になる三宅くん。それぞれお相手の噂は耳に入ってきますが、解散を機に結婚の準備を始められてしまうのも、ファンの皆さんにとっては複雑な心境ですよね」（前出人気放送作家氏）

相対的に晩婚のジャニーズアイドルだが、これまでに初婚時の年令が50才を越える所属メンバーはいない（※最年長は48才だった城島茂）。

果たして坂本は、三宅は……？

V6解散は2人にとって、そのきっかけとなるのだろうか。

森田剛の〝運命〟を変えた出会い

2018年3月に宮沢りえとの入籍を発表した森田剛だが、彼の結婚はジャニーズの歴史の中で唯一の〝子連れ婚〟だった。

井ノ原快彦の結婚会見と共に、V6メンバーの結婚には〝ジャニーズ初〟が何かとつきまとう。

ふと考えてみれば、前年の2017年に宮﨑あおいと結婚した岡田准一も、お相手が再婚というのは、当時はジャニーズ初。

「もちろんそれらを否定するつもりはありませんし、森田くんの場合も宮沢りえさんのお嬢さんと息が合ったからこその結婚で、今では〝自慢のパパ〟と周囲に鼻高々で話しているほど。実はウチの子どもと同じ私立小学校に通っていて、学年は違いますが良い話しか入ってこないほどです」

こう語るのはTBSテレビの有名プロデューサー氏だ。

「ちなみに東山紀之さんと木村佳乃さんのお嬢さん、2人も同じ学校です。森田くんにとってはジャニーズでは大先輩の東山さんですが、この小学校においては森田くんと宮沢りえさんのお嬢さんのほうが先輩。運動会では東山さんが森田くんのもとに足を運び、『**ウチの娘をよろしくお願いします**』――と挨拶をしたので周囲は驚きました。東山さんはアタフタする森田くんを見てニヤニヤしていましたから、イタズラ心が騒いだのだと思いますけど(笑)」(TBSテレビ有名プロデューサー氏)

有名私立小学校の運動会には、部外者は入り込めない。

さすが、当事者情報はリアルではないか。

「そんな東山さんと森田くんですが、2人には〝意外な因縁〟があることはあまり知られていません。そしてその因縁が、やがて森田くんと宮沢りえさんを結びつけ、さらには森田くんを『**役者として次のステージを目指したい**』――と、ジャニーズを退所するところまで転がるとは。すべてはあの蜷川幸雄さんが東山さんを呼び出し、『**森田剛って役者はどうなんだ?**』――と尋ねたところから始まっているのですから」(同プロデューサー氏)

森田剛に興味を持った故・蜷川幸雄氏に――

『面白いと思います。
アイツは何よりも根性があるので』

――と答えた東山紀之。
そして――

『だったら鍛えがいがあるな』

――と笑う蜷川。
そのやり取りがきっかけで、森田剛の運命は大きく変わっていたのだ。

蜷川幸雄と東山紀之、森田剛と宮沢りえ——線で繋がる因縁の物語

「蜷川さんは目の前に現れた森田くんが小汚い無精髭を生やしている姿に、『何で剃らないんだ?』と尋ねたそうです。すると森田くんは初対面にもかかわらず、ぶっきらぼうに『自分はアイドルじゃなくて俳優なんで……(見た目はどうでもいい)』——と答えた。蜷川さんはその出会いを気に入っていて、よくエピソードとして話していたそうです」(TBSテレビプロデューサー氏)

森田剛の中では自我が確立していて、演劇界の巨匠、〝世界のニナガワ〟とまで呼ばれる人物を相手でも己のスタンスを貫く。

たとえそれがこけおどしだったとしても、そのセリフ一発で蜷川幸雄を感服させた結果は、まさに素晴らしい——いや凄まじいとしか言いようがない。

そんな森田が2016年当時、自らの様々な言動を振り返り——

『あの時はどうかしてた』

——などと苦笑いを浮かべるシーンが幾度となく目撃されている。

大人になった？

それならそれで構わないが、〝俺たちの森田剛〟が、本当にそれでいいのだろうか。

「そんな雰囲気や兆しはまったくありませんよ。確かに大人にはなったのでしょうが、根っ子が変わる人間ではありません。だから彼が好きだし、同じ男から見て〝カッコいい〟のひと言です」

急逝した蜷川氏が演出する予定だった2016年8月上演の『ビニールの城』を観劇し、その後、森田に食事に誘われた放送作家が話す。

「Ｂｕｎｋａｍｕｒａで舞台があった後、よく共演者と訪れるという焼肉屋に連れていかれました。ご承知の通り『ビニールの城』は蜷川さんとの3回目のタッグになる予定の作品でしたから、森田くんもどことなく気落ちした雰囲気でしたね」（放送作家氏）

蜷川幸雄に想いを馳せ、自分の中で振り返っていたのか、森田は自分が苦しんでいた時代の気持ちを、反芻するかのようにゆっくりと語り出した——。

『自分が〝こうなりたい〟って人になるの、やっぱり一番難しいじゃないですか？
でも難しいからって中途半端に妥協したら、なりたい理想の半分にもなれないんですよ。
性格的にそんなダサいのは許せないし、
だから俺は蜷川さんの前で堂々と「自分はアイドルじゃなくて役者」と言い張ったし、
出来るだけアイドルから離れようと、わかりやすくルックスから変えてみたんです。
その頃には坂本くんも、俺が苦しんでたのを知ってるから、
「お前のやりたいようにやれ」――と言ってくれてたし、ようやく認めてもらえた気がして嬉しかった。
でもその話をすると、岡田なんかは「認めたんと違うて見捨てたんちゃうん？」――って、
ムカつく関西弁で言うんですよ。
まあ、そこがアイツの可愛いところでもあるんですけどね（笑）』

重く、低く、ゆっくりと絞り出すかのような言葉は次第に軽妙さを帯び、最後は笑顔でまとめられた。

「普段、多くを語らない森田くんの口から当時のことを聞けて、背筋がゾクゾクする感覚に襲われました。

単純に身長だけでいえば僕のほうが10㎝以上高いんですけど、目の前の森田くんは僕の一回り、二回りは大きく見えました。それが役者としてのオーラを纏った姿だったんです」（同放送作家氏）

俺たちの森田剛は、ずっと変わらず〝森田剛〟のままだった——。


そしてこの『ビニールの城』で共演し、恋愛関係へと発展したのが宮沢りえだった。

思えば蜷川幸雄から東山紀之、そして森田剛、宮沢りえへと彼らの因縁は繋がり、森田はジャニーズ事務所を退所する道を選んだ。

もしあの時、東山紀之が蜷川幸雄にネガティブな感想を伝えていたら。

もし蜷川幸雄が、無精髭で現れた森田剛に嫌悪感を感じていたら。

もし森田剛と宮沢りえが『ビニールの城』で共演していなかったら。

V6は解散をせず、次は30周年の節目を目指すグループになっていたのだろうか?

……それは誰にもわからないが、一つだけハッキリしていることがある。

そう、すべての因縁を1本の線に繋げて〝運命〟に変えたのは、間違いなく森田剛の〝意志〟によるものだったということだ。

彼はいつも、自分の意志に正直に生きているのだから——。

“剛健コンビ”にしかわからない三宅健の決断

森田剛がジャニーズ事務所を退所することが決まった際、真っ先に——

『V6も解散しよう』

——と意思表示をしたのは三宅健だった。

「コンビ以外のグループで、一人のメンバーが脱退したことで解散したグループはなかったですし、森且行くんの脱退から20年後に解散したSMAP、大野智くんの休業でグループ活動を休止した嵐の例はありますが、TOKIO、NEWS、KAT-TUN、関ジャニ∞、Hey! Say! JUMP、最近のKing & Princeまで、いずれも残るメンバーで活動を続けましたからね。仮にカミセンは活動を止めても、V6が解散する必要はなかったでしょう」（人気放送作家）

特に三宅はJr.時代から〝剛健コンビ〟として売り出されただけに、盟友が退所するからこそ『V6は俺が守る』と言い出して欲しかったとするファンの声は多い。

「ただし同時に剛健コンビだからこそ、三宅くんの『剛がいなければV6じゃない』――というセリフに喝采を贈るファンも多いようです。実際、ここ数年は明らかに〝6人揃って〟の仕事も激減していたので、解散しても森田くん以外の5人がジャニーズに残ってくれれば〝今と大して変わらない〟の意見も耳にします」（同人気放送作家）

だがファンが本当に望んでいたのは、三宅健が自ら先頭に立って森田剛に思い留まらせることではなかったか。

現に長野博を筆頭に他のメンバーは少なくとも数回は森田を慰留していたと聞いているが、三宅に関してはそこまでの話は噂としても入ってきてはいない。

下手をすると慰留することなく『剛が辞めたいなら辞めればいいんじゃない？』と、他人事のようにやり過ごしたのではないかの疑問さえ感じてしまう。

そしてそんな時にふと思い出したのが、6年前『V6～6人の絆、明日への誓い～』でも取り上げたこんなエピソードだった。

〝剛健〟で歩んだ道――前に進むたび、強くなる絆

『俺も剛も、昔から番組のスタッフさんに、

〝他人に関心なさそう〟〝すべて他人事だと思ってない？〟なんて言われるんですよ。

ぶっちゃけそれ、まったく見る目ありませんから！

2人とも「趣味は人間観察です」って手を挙げたいぐらいだもん。

周囲には〝見ていないように見せる〟のが、プロの人間観察リストだから（笑）』〈三宅健〉

世の中に〝人間観察リスト〟なる肩書きがあるのは知らなかったが、三宅健と森田剛は、実は――

『V6の中で誰よりも周囲を観察してきたし、今もいる』

――と、三宅健は胸を張る。

しかもそのルーツは、〝剛健コンビ〟時代にまでさかのぼるというのだ。


「Jr.時代の三宅くんは、自分たちの環境について『ひと言で言えば、お手本にする背中がなかったんだよ。

誰か先輩の真似をすることも出来なかったから、自分たちで何とかするしかなかった。そのためにはまず、

自分たちの周りを観察することから始めたんだよね』――と、当時を振り返って話してくれました」

こう言って三宅健から貴重な証言を引き出したのは、テレビ朝日『ミュージックステーション』制作スタッフ氏だ。

「特番の『スーパーライブ』の時、なぜか三宅くんと控室で2人っきりになって。彼から『普通は気まずいけど、○○さんだから助かったよ』――と笑顔で言われたんです」

ベテランのスタッフだけに、三宅にも名前が知られている。

せっかく2人だけなのだからと、制作スタッフ氏は積極的に話しかけたらしい。

「三宅くんも明るく会話を返してくれるので、つい〝よかった。三宅くんは僕らなんか眼中にないと思ってたから〟と、軽口を叩いてしまったんです」(『ミュージックステーション』制作スタッフ氏)

その瞬間、やや気色張る三宅の表情に「(しまった)」と感じた制作スタッフ氏だったが、すぐに三宅から――

『ほ~んと、いっつもそれ言われちゃうんだもん』

――と、拗ねたようなリアクションが返ってきてホッとしたそうだ。

「2人は〝剛健コンビ〟で華々しく売り出されたかのようなイメージでしたが、実際にはそれまでJr.のトップを張っていた先輩たちが複数のユニットに組み込まれ、ある意味では強引な世代交代の中心にいたそうです。ほとんど経験もないまま、ペアでJr.のセンターへ。だから三宅くんも『お手本にする背中がなかった。誰かの真似をするわけにいかなかったから、自分たちで何とかするしかなかった』――と、森田くんと相談して手段を探した。そして行き着いたのが、まずは自分たちの周りをシッカリと観察し、冷静な状況判断から始めることだったそうです。当時は中学生、よくそんな工夫を思いつきましたよね」

(同制作スタッフ氏)

そして、なぜか嬉しそうな表情で、三宅は自分と森田について語り始めた――。


『俺も剛も、昔から番組のスタッフさんに、

〝他人に関心なさそう〟〝すべて他人事だと思ってない?〟なんて言われるんですよ。

ぶっちゃけそれ、まったく見る目ありませんから!

2人とも「趣味は人間観察です」って手を挙げたいぐらいだもん。

周囲には〝見ていないように見せる〟のが、プロの人間観察リストだから(笑)。

その点では〝他人に関心なさそう〟って言われるのは、むしろ褒め言葉だと受け取っておくよ。

でもそのおかげで、俺たちはいつも——

『答えは自分たちで探そうぜ』

——を合言葉にして、必死に考える癖をつけた。

V６のメンバーになったらお兄さんたちがいたけど、カミセンで仕事をする時はずっと昔のノリでやってたな～』

年齢差が大きいグループだからこそ、年下でも判断力や決断力を求められる場面に多く遭遇したはずだ。

そう考えると実は、剛健コンビは組まされる前から〝どこまで自立出来るか〟を観察されていたのかもしれない。

三宅健と森田剛の間には、周囲が感じる〝盟友〟以上の絆があったのは明らかだ。
いつも2人で考え、2人で切り開いてきたからこそ、三宅は森田の決意について——

『何を言っても変わらない。
そこまで覚悟していなきゃ、剛は自分から〝退所〟なんて言い出さない』

——ことを理解していたのだろう。
だからこそ、引き留めたくても引き留められない。
いや、むしろ引き留めることは、2人が紡いだ絆を裏切ることになる——。
誰よりも辛い三宅健の決断を、我々だけでも理解してあげようではないか。

岡田准一が坂本昌行に伝える〝無言の感謝〟

いよいよ5年前（『V6 ～6人の絆、明日への誓い～』）と今とを線で繋いだエピソードのラストとなった、岡田准一の出番である。

ジャニーズ事務所が輩出した数多の俳優たちの中で、最初に日本アカデミー賞最優秀主演男優賞（2014年『永遠の0』）を獲得すると同時に、『蜩ノ記』で最優秀助演男優賞とのW受賞を果たした岡田。

以降も2016年『海賊と呼ばれた男』、2017年『関ヶ原』、2018年『散り椿』と3年連続で優秀主演男優賞に輝き、2015年に『母と暮せば』で最優秀主演男優賞を獲得した二宮和也と並ぶ二枚看板として、映画界では認められている。

「後輩の役者たちがラブコメや学園モノからなかなか抜け出せない中、岡田くんと二宮くんが〝アイドルでも芝居が出来る〟ことを証明してくれたのは確かです。特に岡田くんは『ザ・ファブル』シリーズでアラフォーとは思えないほどのアクションを披露し、芝居の幅をますます広げています」（スポーツ紙芸能担当記者）

そんな岡田についてどうしても気になるのが、坂本昌行のエピソードで触れた――

『岡田には申し訳なかったけど、若い頃に俺から無駄に怒られたのは、
すべて中居くんに責任があると言っても過言ではないんです。
だから俺を恨まないで、今さらなんだし（笑）』

――の部分だ。

実は岡田、日本アカデミー賞最優秀主演男優賞を獲ることが出来たのも――

『坂本くんの教えを守ってきたから』

――と、恨むどころか、坂本をはじめ、V6のメンバーが支えてくれたからで〝感謝しかない〟と仲の良いスタッフには打ち明けていたのだ。

迷った時ほど〝前に出ろ〟の教え——失敗しても成功しても、チャレンジした事実が自分を強くする

今や自身で次回作を選べるようになった岡田准一。

しかし時には、ギリギリまで「この作品に出るかどうか」迷うこともあるという。

そんな時に岡田の背中を押すのは、若い頃に坂本昌行からもらった〝ある言葉〟だったという。

「岡田くんは『あの頃は〝前に出ろ〟って言われても、ほとんど後ずさりしかしてへんかった。でもそれが10年以上経って、ホンマの意味で身に染みる時が来たんです』——と語っていました。彼はずっと、頭の片隅に坂本くんの言葉を置いていたんですね」

フジテレビでドラマ制作に携わるディレクター氏は、かつて岡田が主演したドラマに新人ディレクターとして関わり、ある意味では共に成長した〝同志〟のような関係だという。

「たま〜に見知らぬケータイ番号からかかってくると、結構な確率で岡田くんなんです（笑）。さすがに売れっ子だけに、イタズラ電話がかかってくるようになると、すぐに電話番号を変えるからわからない。着信拒否が出来ず、困ったものです」（ディレクター氏）

それは〝月単位〟がほとんどだが、〝年単位〟になることも。

「だいたい、どこかで飲んでる時にかけてくるので、時間が合えば駆けつけます。飲み相手を探すためにかけてるんでしょうね」（同ディレクター氏）

それは2016年の春先、その〝罠〟にかかった時の話だった。

「大作映画にはバンバン出るくせにテレビドラマには出ないから、冗談で〝選り好みしすぎだろ！〟と文句を言ったんです。するとそこから話が発展して、彼が出演作を選ぶ時の〝ある秘密〟を教えてくれたんですよ」（同氏）

今や日本を代表する俳優の一人でもある岡田は、どんな条件で出演作品を選ぶのか？

おそらくギョーカイ関係者であれば、興味を持たない者はいないだろう。

『映画に出始めの頃は、

ジャニーズのスタッフさんが決めてくれはった作品にすべて出る感じでやってましたね。

まだ自分自身で〝この役はこう演じたら面白くなりそうやな〟みたいな引き出しもなかったし、

経験を積むためにもスタッフさんが持ってきてくれた仕事は全部やってました。

ここ何年かは、いくつかの企画の中から〝自分で選ぶ〟ことも増えましたよ。

ただそうなると、責任も自分に返ってくるから大変です（苦笑）。

作品選びの一番のポイントにしてるのは、坂本くんからもらったアドバイス。

「迷った仕事は受けてみる。迷った時は絶対に前に出ろ」——っていう、坂本くんの教えを守ってるんです。

失敗しても成功しても、前に出てチャレンジした事実は残る。

その事実が自分を強くしてくれる。

大事にしてるのは、ホンマにそれぐらいですね。

基本はインスピレーションですから』

どれだけ実績を重ねて有名になろうとも、岡田准一の基本を作っているのは〝V6の魂〟。

坂本昌行の言葉の向こうには、いつも自分を応援してくれる長野博、井ノ原快彦、森田剛、三宅健の姿も見えるに違いない。


…………………………………………………


先ほど坂本昌行のエピソードに登場したテレビ朝日プロデューサー氏によると、

「坂本くん本人は岡田くんのそんな気持ちを微塵も知らないし、感じてもいない」

――そうだ。

「本人はデビュー当時のカミセン、中でも岡田くんに厳しく接した頃の自分を〝忘れたがって〟いましたからね。でも別に、岡田くんも坂本くんにあえて感謝を伝えることもない。それはお互いがプロとして結果を残して当たり前のレベルになれば、感謝もくそもないからです。いつか芸能界を引退し、公園で日向ぼっこするような関係になれば、昔話として〝あの時はありがとう〟みたいな話になるかもしれませんが。今は2人とも、まだまだ高みを目指さなければならない。感謝するのは引退してからでいいのです」(テレビ朝日プロデューサー氏)

確かにそうかもしれない。

しかし岡田准一にしてみれば、自分が頑張る姿、成長した姿を見せることで、坂本昌行に無言で〝感謝〟を伝えていたのではないだろうか。

岡田准一はこれからも、リーダー坂本昌行の言葉、そして〝V6の魂〟を胸に秘めて、走り続けていく——。

2nd Chapter——

Go Morita

ラストメッセージ

Last MUSIC FOR THE PEOPLE

森田剛独立〝宮沢りえ黒幕説〟の真相

V6の解散が発表された、今年の3月12日――。

ファンの皆さんはもちろんのこと、マスコミ関係者も「V6だけは解散しないと思っていた」という驚きの声が大半を占めていたものの、新型コロナ感染拡大による2回目の緊急事態宣言下であったためか、世間には予想よりも穏やかにV6解散を受け入れる空気が漂っていた。

「昨年いっぱいで活動を休止した嵐、V6解散発表直後の3月末に長瀬智也の退所とグループの独立を控えていたTOKIOと比べ、メンバー個々の活動が際立っていたグループでしたからね。たとえグループが解散しても、メンバーが芸能界を引退するわけじゃない。ならば熱狂的な〝箱推し〟ファン以外は、解散しようがしまいが、さほど影響はないからでしょう」（某バラエティ番組スタッフ）

すると各マスコミは一斉に、解散に関する〝2つの情報〟を表舞台へと引き上げ始める。

一つは解散が「森田剛のジャニーズ独立」に端を発していること。

もう一つはそれを〝主導〟したのが、あたかも宮沢りえであるかのような舞台裏の暴露だ。

「まず解散のきっかけが森田くんにあることは間違いがありませんし、実際に彼は昨年の25周年配信コンサートの前に、メンバーに退所を報告。その時点では時期については定かではなく、話し合いの末にデビュー記念日の11月1日に決まった。ファンへの恩返しも含め、解散コンサートを国立代々木第一体育館で行うことも決まっています」

超重要な情報をサラリと流してしまうのも何だが、解散コンサート云々についてはまた別のエピソードでお話しさせて頂くとしよう。

ここで内情を明かしてくれるのは、かつて『学校へ行こう!』を担当していた、TBSテレビのプロデューサー氏だ。

「問題というか、〝それはどうなのよ?〟と首を捻りたくなるのが、しばらくしてから流れ始めた〝宮沢りえ黒幕説〟ですね。森田くんが宮沢さんの操り人形になっているとは思いませんし、誰かが〝悪者〟を作り上げようとしているような気がします」(TBSテレビプロデューサー氏)

森田剛が――

『役者の道を究めたい』

――と退所の理由を説明したのは、先ほど触れた昨年の25周年配信コンサートの前、V6メンバーへの報告のセリフだったという。

しかしこれだけを聞くと、大半の方は、

「ジャニーズに所属しても役者として活躍出来るし、メンバーの岡田くんを筆頭に、そんな所属タレントは何人もいる」

……という、単純な疑問を感じざるを得ないだろう。

「森田くんはジャニーズのアイドルで初めて無精髭のまま人前に登場し、公然の秘密でもあるタトゥーも最初に入れました。かつて上戸彩とも堂々と交際し、写真週刊誌に何回撮られてもどこ吹く風。そんな森田くんに憧れる後輩は多く、元KAT-TUNの赤西仁くんや田中聖くんは、森田くんの〝自由さ〟に憧れたあまり暴走してしまったと聞いています（苦笑）。確かに先輩としては模範的な人物とは言えませんが、だからこそ逆に〝今さら〟感が否めないのです。ジャニーズにいたって、これまでずっと好き勝手にやってきたのはアナタじゃない？　どうして独立しなきゃ自由に出来ないのか——と」（同プロデューサー氏）

宮沢りえの黒幕説を訴え始めたのは、文春砲でお馴染みの週刊文春からだった。

「自分の意思で自由に仕事したいと考えていた森田は、宮沢と結婚後、その傾向がますます顕著になった」

——と、そこには彼女の影響を匂わす記事が。

しかしこの程度では単なる噂話の範疇を超えることはなかったが、関係者の間では〝ジャニーズご用達〟メディアの一つとして知られる女性セブンも、まるでタイミングを合わせるかのように、

「交際を始めた5年前から結婚と独立計画を立てていた」

——と、宮沢黒幕説の炎に油を注いだのだ。

「ジャニーズに詳しいマスコミの人間は、みんなSMAP解散時の木村拓哉バッシングを思い出しました。当時、5人のメンバーのうち木村くんと中居くんだけが事務所に残りましたが、揃って独立することが出来なかったのは〝木村の妻の工藤静香が退所を阻止したから〟の情報が流れ、黒幕として夫婦共々バッシングを受けた。実はあの時、工藤の黒幕説は〝木村くん一人がバッシングを受けることを避け、批判を分散させる戦略〟と、さらなる仕掛人がいることは明白だったのです。今回、誰もが予想できなかったV6の解散に原因を探すなら、森田くんしかいない。これから受けるであろうバッシングが起こる前に、〝宮沢黒幕説〟を流して森田くんを救ったのでしょう。そもそも宮沢さんは森田くんの〝男らしさと優しさに今もベタ惚れ〟と言われているのに、無理矢理〝ジャニーズを辞めなさい〟などと命令するわけがありませんよ」（同氏）

結局のところ、真相は森田剛本人の口から明かされるまでわからない。

だが皮肉なことに、その男らしさゆえに彼はこれまでに言い訳の一つも溢したことがない。

だからそんなことを探るのではなく、『役者の道を究めたい』森田剛のこれからを楽しみにしようではないか。

凄みのある、唯一無二のあの芝居を——。

〝V6の解散とジャニーズからの独立〟——森田剛の真意

森田剛の役者としての評価を図る指標の一つに——

「世界のニナガワに認められたジャニーズ」

——の通り名がある。

「生前の蜷川幸雄さんは生前のジャニー喜多川さんと親交が深く、そのエンタテインメントに懸ける情熱、才能を見抜く眼力、それを育て上げる手法に感服していました。関係者によると蜷川さんは『**俺が作り上げる作品にジャニーさんはいくつもの宝石を提供してくれる**』と、切っても切れない関係であることを嬉しそうに認めていたそうです。蜷川さんの言う〝宝石〟とは過去に起用した東山紀之、岡本健一、木村拓哉、森田剛、岡田准一、松本潤、二宮和也、生田斗真、亀梨和也、上田竜也などのメンバーで、中でも岡本健一と森田剛には3回ずつオファーを出すなど、ジャニーズ用語で言う〝スペオキ〟の存在でした」

長年、ジャニーズ関連のバラエティ番組を手掛ける人気放送作家氏は、「蜷川さんはイキのいい若手役者を抜擢することで知られ、呼ばれた役者も門下生として飛躍していきました。その代表がジャニーズ以外では藤原竜也、小栗旬、成宮寛貴、吉高由里子、西島隆弘（AAA）。ベテランでは勝村政信、松重豊らが〝蜷川作品の常連〟という不動の評価を獲得しています」と語る。

「蜷川さんに認められる、特に複数の作品に呼ばれたことは、その役者の評価を2倍にも3倍にも高める。森田くんは2010年の『血は立ったまま眠っている』をきっかけに2013年の『祈りと怪物～ウィルヴィルの三姉妹』、2016年の『ビニールの城』と、定期的に呼ばれていました。しかし3作目の『ビニールの城』の稽古に入る直前、蜷川さんは亡くなってしまった。幻の演出作品は追悼公演として上演されましたが、そこで共演した宮沢りえさんと結婚したのも、蜷川さんの置き土産だったような縁を感じますね」（人気放送作家氏）

かつて蜷川幸雄氏は〝ジャニーズと仕事をすること〟について、テレビ番組の中でこんな発言を残している――。

『「アイドル、あるいはジャニーズの人と（舞台を）やること多いですね？」とか言われるわけね。

核心は「なんで（俳優ではなくアイドルと芝居を）一緒に作るんですか？」ということを、
たぶん言いたいんだろうと思うんだよ。

でも、〝アイドル舐めんじゃねーよ〟って。

中途半端に仕事してる俳優よりも、ものすごく彼らのほうが努力してると。

それはね、感動的なくらい、いろんな努力をしてその位置をキープしているんだと。

トップを走るアイドルってものは、言ってみれば大衆の欲望の象徴みたいなもんで、
あんだけ何万何百万の人の欲望をその人（推し）を通じて果たしてるわけじゃん？

みんなが、少年や少女が。

だから（アイドルは）ただ者じゃないんだよ。

「〝アイドル〟というだけの括りでマイナス要素を付け加えるな」——と、僕はよく言うんだけど』

（フジテレビ『僕らの時代』にて）


まさに正論で、起用された側がこれほど救われるセリフもあるまい。

「マスコミは蜷川さんが育ててきた他の役者さんを含め、蜷川門下生の実力をドラマや映画でまざまざと見せつけられるので、評価しないわけにはいかないのです。また森田くん、そして岡本健一くんは連ドラのオファーを極力避け、蜷川さんに叩き込まれた舞台役者の矜持を芯に、芝居の道を究めようとしている。森田くんが〝あえて〟ジャニーズを辞めて自分を追い込むのは、その岡本くんを〝越えたい〟気持ちがあるのでは？――と、舞台関係者の間では既成事実のように語られています」（同人気放送作家氏）

1989年、まだ男闘呼組時代の岡本健一は『唐版・滝の白糸』に抜擢されて以来、翌年の『ペール・ギュント』、そして間が空いた2004年『タイタス・アンドロニカス』と、お話ししたように3作品に起用されている。そして『タイタス・アンドロニカス』のエアロン役で第12回 読売演劇大賞・優秀男優賞を受賞すると、以降も第17回 読売演劇大賞・優秀男優賞（『ヘンリー6世』リチャード役）、第26回 読売演劇大賞・最優秀男優賞（『岸 リトラル』イスマイル役、『ヘンリー五世』ピストル役）、第45回 菊田一夫演劇賞（『海辺のカフカ』大島役、『終夜』ヨン役）、第55回 紀伊國屋演劇賞（『リチャード二世』リチャード二世役）、第71回 芸術選奨文部科学大臣賞（『リチャード二世』リチャード二世役）と、報道されることは少ないものの、舞台演劇の世界では看板役者の一人にまで成長しているのだ。

「森田くんは生前の蜷川さんに『賞はもらっておけ。芝居のようにその場で消えていく仕事をしていても、それが記憶に残る証になるんだから』――と言われていて、まだ自分が演劇賞に届いていないことを悔しがっています。25周年の前、僕の知り合いのプロデューサーが森田くんと会食をした時、彼は『岡本くんに出来て俺に出来ないわけがない』――というセリフを呟いていたそうです。それを聞かされた時はピンと来なかったのですが、V6の解散とジャニーズからの独立が発表され、また何人かの演劇関係者と話すうちに得心しました」(同氏)

蜷川作品以外にも、劇団☆新感線作品をはじめ、宮本亜門演出作品、行定勲演出作品など各方面からオファーを受け続けている森田剛。

ジャニーズ事務所を退所して最初の作品に出演する時、彼が心から欲しているものに手が届くに違いない――。

ジャニーズイチ〝ヤンチャ〟で〝男らしい〟男

ネット上の〝まとめ系〟サイトでも、V6きってのプレイボーイとして名前が挙がる森田剛。見渡すと〝森田剛の過去の彼女は8人〟とするサイトが多いが、実際、その中で写真週刊誌に現場を押さえられた相手は3人しかおらず、そのうちの最後の相手が奥さんの宮沢りえなのだから、適当な噂で森田の彼女と名指しされた女性たちも、今さら否定しても意味がないか（苦笑）。

「タレントは人気商売なので、あることないこと書かれるのは仕方がない一面もありますし、今のスマホ社会では1億2千万人のパパラッチがいるのと同じ。コロナ禍であろうとなかろうと、知人や友人の異性と食事を同席することも憚られますよね」

人気タレントの友人が多い有名広告クリエイター氏は、「だからヤンチャに遊び回るアイドルやタレントが減り、芸能界はつまらなくなった」と嘆く。

「昭和の伝統芸能や落語家のように〝女遊びは芸のこやし〟とまでは言いませんが、プライベートでモテないアイドルやタレントには〝色気〟が欠けるのは事実。もちろん大前提として〝ファンにバレない〟ことは鉄則としても、だからといってビビって遊ばないのも器が小さい。まあジャニーズはデビューさえすれば、いまだにある程度はマスコミがスルーしてくれますからね。そんな中でも、誰よりも堂々と恋愛し、逆に株を上げたのも森田くんだけでしょう」（有名広告クリエイター氏）

すでに幸せな家庭を築いている上戸彩との交際に始まり、元セクシー女優、宮沢りえの3人がマスコミに〝認知〟された森田のお相手。

その中でセクシー女優との関係をスクープされた際の対応で〝男〟を上げた森田だったが、実はスクープされた当時よりもその数年後、ジャニーズの後輩に降ってわいたスキャンダルこそ、真に株を上げた原因だったのだ。

「森田くんは2014年の4月、自宅マンションにお相手の女性と帰宅した際、女性週刊誌の直撃を受けています。その時、お相手との同棲は否定したものの、すぐに彼女に鍵を渡して部屋に戻らせると、事務所やマネージャーに電話を入れるわけでもなく、堂々と記者の取材に応じました」（同クリエイター氏）

交際については『普通に友だちですよ』と答えざるを得なかったようだが、記者がお相手の〝セクシー女優〟という職業に触れると――

『職業は関係ない！ みんな一緒』

――とキッパリと言い放ち、さらに、

『俺の写真を使ったり名前を記事にすることはいいんだけど、彼女はいろいろと大変なんです。男はどうとでも出来るけど、女の人だし、特殊な仕事じゃないですか』

――と、自分のことよりも彼女の立場を思いやったのだ。

「そもそもは別の女性週刊誌が2人の映画デートを報じていて、そこでは〝元グラビアアイドル〟と書かれていたところ、そうではないことをキャッチして直撃したのがその週刊誌でした。しかも最初の女性誌はジャニーズご用達だったのが、直撃したのはアンチジャニーズの女性誌。好き勝手に書くかと思いきや、森田くんの発言をそのままねじ曲げずに掲載。そこには直撃した時の森田くんの男らしい受け答えに、記者のほうが〝ファンになってしまった〟からだと当時は言われていました」（同氏）

SNS上ではファンの悲痛な叫びと同じぐらい、森田の対応に称賛の声が上がった。

結果的には翌年のV6デビュー20周年までに自然消滅してしまったが、その間も特に目立ってファンからの批判が集まったわけでもなかった。

「一部には破局を惜しむ声もありましたが、それはスクープされた直後、お相手の女性が『**一部報道にありました件ですが、お相手の方にご迷惑をおかけしたこと、またお相手のファンの皆様には私の職業のことで嫌悪感やご心配をおかけしたことかと思います。私事でお騒がせしてしまい、申し訳ありません**』――と自身のTwitterに投稿し、森田くんのファンから異例と言えるほどの励ましが寄せられたからでした。普通は単なる噂レベルでも叩かれまくるのに、謝罪を受け入れてもらえるなんて。それもこれもすべて、森田くんの『**職業は関係ない！ みんな一緒**』――から始まる、彼女を守る姿勢がファンの心に響いたからでしょう」（同氏）

そんな森田は2016年から2017年にかけて、ジャニーズの後輩が引き起こしたスキャンダルでさらに株を上げる。

そう、嵐・松本潤とセクシー女優との〝二股愛〟だった。

「井上真央との結婚が規定路線と見られていた時期に、数年に渡る二股、それも明らかにお相手を〝都合のいいオンナ〟扱いしていたことがスクープされ、松本くんの釈明に注目が集まりました。しかし当然のように完全スルーで、関係すらなかったかのように涼しい顔でやり過ごした。普通、ジャニーズのスキャンダルではお相手が徹底的に叩かれるところ、松本くんのほうが炎上。そこで再び沸き上がったのが〝森田剛は男らしかった〟〝森田剛を見習え〟の大合唱だったのです」（同氏）

当時すでに宮沢りえと交際中の森田にとって、余計なところで過去を掘り起こされたくはなかっただろう。

しかしそれほど、あの森田の対応は支持されていたのだ。

〝ヤンチャ〟と〝男らしさ〟を貫き通したジャニーズ——。

それが〝森田剛〟という男なのだ。

森田剛が語った〝ジャニー喜多川氏への想い〟

ジャニー喜多川氏が2019年7月9日に亡くなってから、アッという間に2年の月日が流れようとしている。

「今年は三回忌法要ですから、森田くんにも『それを済ませてからじゃないと退所出来ない』気持ちがあったと聞いています」(フジテレビ関係者)

V6のメンバーの中でも、バラエティ番組でジャニー喜多川氏とのエピソードを口にしなかった森田剛。当然のように自分を見出だし、CDデビューへと導いてくれたジャニー氏には感謝しかない。

「面白おかしくジャニーさんとのエピソードを話すメンバーほど、生前は仲が良かったように見られるだけ。森田くんだってジャニーさんを尊敬し、慕っていましたよ。彼がアイドルらしからぬ行動やファッションに走っても、ジャニーさんは『剛は自由にやればいいんだよ』――と放任主義でやらせてくれた。最大の理解者でもあったジャニーさんの三回忌は〝ジャニーズ事務所の一員として迎えたい〟と考えることは当たり前でしょう」(同フジテレビ関係者)

ジャニー喜多川氏が亡くなって以降、森田は8人目の〝退所表明者〟だった。関ジャニ∞の錦戸亮に始まり、表明順に中居正広、手越祐也、長瀬智也、錦織一清、植草克秀、山下智久、そして森田剛。

さらにジャニーズJr.のメンバーを加えると、2桁を越えるだろう。

そして名前を見てもおわかりの通り、ジャニー喜多川氏が大切に育て上げた世代。

すでにジャニーズ事務所全体が、新たな世代へとバトンタッチする時期に来ているのかもしれない。

『別にテレビでジャニーさんのエピソードを話すからジャニーさんに可愛がられていたわけではないし、

それぞれのメンバーとそれぞれの関係性を築いてくれたのが、ジャニー喜多川って人だから。

俺には俺との、健には健との、岡田には岡田との特別な絆がある。

俺は「他人とジャニーさんがこんな関係なら、俺ともそうして欲しい」

……みたいな気持ちも興味もなかったし、

だから健と岡田がどうだったかは知らない。

ただ少なくとも俺とジャニーさんの間には、俺たちだけの信頼があった。

だからギリギリの〝越えてはいけない線〟を自分で決めていたんだよね。

言っても理解されないとは思うけど』〈森田剛〉

シャイな森田剛らしい言い回しだ。
そして退所するにしても『三回忌を済ませてから』の気持ちが本当ならば、間違いなく恩を仇で返すような人間ではない証。

『他人のことをとやかく言うつもりはないけど、
俺たちがみんな〝ジャニー喜多川の子ども〟であることは一生変わらない。
それはこれから先、一生忘れてはならないことでもある。
ジャニーズを出ても、その時に自分がやっている仕事を――
「ジャニーさんが見たら何て言うかな？
褒められなくてもいいけど、怒られたくもない」――って、
心の片隅で感じながら取り組んでいきたいね。
自然にそうなるとは思うんだけどさ』

森田が常に意識するのは、ジャニー喜多川という存在なのだ。

「あのジャニーズ家族葬の後、参加者全員の集合写真が公開されましたよね。そこには仕事で参加出来なかった中居くんのスペースを空けるなど、まさにジャニーズという〝家族の絆〟を感じさせるものでした。そして集合写真を目にした人のほとんどが、誰がどこにいるかを一人一人チェックしたと思います。森田くんは三宅くん、岡田くんとカミセンとして並んでいるのかと思いきや、嵐の相葉くんと二宮くんの間に背後から顔を出していたのです。後で森田くんに〝何であんなところにいたのか〟を尋ねた人によると、最初は『相葉と話していたら写真撮る時になって、戻れなかった』と笑っていたそうですが、実は『カミセンで並ぶと泣いた時にヤベぇ』——と釈明したそうです」(前出フジテレビ関係者)

さらに森田はこう明かしたそうだ——。

『みんなが笑顔になればなるほど、逆に込み上げるものがあった』

クールな森田剛が垣間見せた〝本心の中の本心〟。

昨年、森田剛は家族を伴い、高野山金剛峯寺奥之院にある、ジャニー喜多川氏の墓参りを済ませたという。

『ジャニーズを出ても、その時に自分がやっている仕事を——

「ジャニーさんが見たら何て言うかな？

褒められなくてもいいけど、怒られたくもない」——って、

心の片隅で感じながら取り組んでいきたいね』

これから彼は〝どんな森田剛〟を我々に、そしてジャニー喜多川氏に見せてくれるだろうか——。

『坂本くんをV6のリーダーとして、そもそもジャニーズの先輩として、
20年以上見てきた結論。
黙って俺を信じてくれたからこそ、俺は成長して強くなれた』

「ヤンチャが服を着て歩いている」……と陰口を叩かれていた森田剛を、坂本昌行はただ黙って信じ、余計なことを言わずに見守ってきた。今の森田があるのは、間違いなく坂本の功績。

『本当にジャニーズJr.時代からずっと変わらないのが、長野くんの優しさですね。
あの人がV6にいてくれたから、今まで俺は辞めずにやってこられたんだと思います』

森田剛が心から信頼する長野博。その関係は〝V6のメンバー同士〟という適度な距離感を保ちながら、100%の信頼の上に成り立っている。おそらくはV6解散後も森田と長野の信頼関係は続くだろう。

『〝相手に勝つことと相手を納得させることのどちらかを選ぶなら、
俺も相手を納得させるほうを選びたい〟——トニセンを見てきて、心からそう思えた』

自分には導き出せない〝正解〟を、その背中で見せてくれたトニセンの3人を心から尊敬する森田剛。相手を納得させるため、何よりも〝自分で自分を納得させる〟ため、森田は今、一人歩き出すことを選んだ。

『岡田は何につけても〝答え〟を見つけるタイプ。
俺は〝見つからないことも答えの一つ〟だと思えるタイプ。
芝居に対するアプローチは正反対同士だけど、
だからこそお互いのスタイルを尊重してるんだよ』

ジャニーズを代表する演技派の岡田准一を誰よりも認めているのは森田剛であり、たとえ賞レースには縁がなくても、森田剛を誰よりも認めているのは岡田准一なのだ。

『俺も将来はパワフルなオジさんにならないと、皆さんに笑われちゃうもん。
蜷川さんだったら絶対「おい森田、お前はそんなもんか?」って言うに決まってる。
だから俺はどうしても負けられないし、〝参りました〟と言わせてみせるからね』

森田剛が舞台を通して出会った演出家は、いずれも超一流の〝仕事師〟。そんな諸先輩を相手に、森田は「いつか俺のほうがパワフルだと認めさせてやる」——と、天国の蜷川幸雄氏に誓う。〝役者の道〟を究めるために、森田は今、あえて今までと違う環境に身を置き、歩み始める。

『ぶっちゃけこんな俺でも、一つの場所と仲間で20年もやってこれたのは、
俺に関わるすべての人たちのおかげだよね。
中には顔を見たことがないファンの人もいるけど、誰一人欠けても今の俺はなかった。
それは自信を持って言える』

V6結成20周年当時、森田剛が語った言葉。メンバー、スタッフ、ファン……自分に関わるすべての人に対する〝感謝〟の想いを彼は決して忘れない。それはV6から離れて〝森田剛〟として一人歩き出してからも——。

3rd Chapter——

三宅健

Ken Miyake

ラストメッセージ

Last MUSIC FOR THE PEOPLE

〝V6解散〟の予兆――2020年カウコン不参加

3月12日に発表されたV6の解散と森田剛の退所。
その際、メンバーは有料会員のJohnny's webと公式サイトのJohnny's netに
それぞれコメントを発表した。

《突然のことで驚かせてしまうかもしれません。

悲しませてしまうかもしれません。

でも、とても大事なことなので、自分たちの言葉で皆さんに伝えます。

僕たちV6は、2021年11月1日をもちまして、解散します》（Johnny's net）

《男だけの集まりですから、ぶつかり合うこともありましたし、会話がなくなることも多々ありました。

でも、今になって強烈に思い出すのは、冗談を言い合ってはしゃいだ日々と、
ファンのみんなの笑顔です。

この思い出は、一生消えることのない僕たちの宝物です。

僕たちは、2019年の春頃から、自分たちの人生について深く話し合うようになりました。

何度も6人だけで話し合いを重ね、それぞれが一人の男として、大きな決断をすることとなりました》

（Johnny's net）


今回の解散劇には、ファンが「今思えば……」と薄々感づいていた予兆があったという。

それが昨年の大晦日、V6が「ジャニーズカウントダウンコンサート」に出演しなかったことだ。

「V6がカウコンに出演しなかったのは、何も2020年だけではありません。過去、2013年と2014年も2年連続で出演していませんでした」

話してくれたのは、フジテレビの音楽班プロデューサー氏だ。

「ただし当時はメンバー、特に三宅くんが『後輩たちに出番を譲っていかないといけないのは、先輩の役割』——と発信してくれたおかげで、大きな騒ぎにはなっていません。彼らもまた2015年からカウコンに復帰し、2019年まで5年連続で出演中。しかし去年の2020年といえば、デビュー25周年の配信ライブを行ったばかり。これまでのカウコンでは、そのパターンのグループが欠席することはなかった。ファンの皆さんが〝何かある!〟と予感するのは、ある意味当然かもしれませんね」

(フジテレビ音楽班プロデューサー氏)

しかも2020年のカウコンはコロナ禍もあり、恒例の東京ドームではなく都内各所から中継を繋ぐ形式。むしろ東京ドームに全員集合するよりもスケジュールが切りやすかったはずだ。

「実際にはカウコンは嵐のラストライブに会場を渡さねばならなかったので、苦肉の策で中継方式になったんですけどね(苦笑)。でも解散発表にまつわる内幕を聞けば、当時はメンバーも精神的に〝それどころじゃない〟のはよくわかります」(同プロデューサー氏)

解散への日程が決まり、発表前の段階でメンバーをライブに出すことに対し、ジャニーズ事務所側は「感極まってフライング(発表)するかもしれない」不安のほうが大きかったとの声もある。

だがそんな不安を生み出したのは、他ならぬ事務所側の〝失態〟だったのだ。

「年末恒例の『FNS歌謡祭』の第2夜で、関ジャニ∞の村上信五くんが『大晦日に僕たち関ジャニ∞も出演させていただきます『ジャニーズカウントダウン』の放送が、無事に決定いたしました。今回はいつもの東京ドームからではなくて、いろんな東京の街から中継で日本に元気をお届けしようという試みとなりました』――とサプライズで発表。同時にカウコンの司会は村上くんで、KAT-TUN、NEWS、Hey! Say! JUMP、Kis-My-Ft2、Sexy Zone、A.B.C-Z、ジャニーズWEST、King&Prince、SixTONES、Snow Manが出演すると告知したのです。しかもよりによってそのサプライズを、三宅くんは自宅のテレビで見ていて知ったのです」(同氏)

その翌日、三宅はJohnny's web内の連載コーナーで、その時の心境をぶちまける。

『テレビでお知らせ頂くこの不条理。
あれ？ 私、ジャニーズですよね!?』

カウコングッズの個人団扇の撮影をとっくに済ませていた三宅は、まさかV6が出演しないなんて夢にも思っていなかったのだ。

「そりゃそうでしょう。オンラインストアでは、出演しないV6とKinKi Kidsの個人団扇も〝カウコングッズ〟として販売されていたんですから。どうしてこういうことになったのか、単なる連絡ミスではなく意図的に知らせなかったのでしょう。団扇も販売しなければファンに怪しまれる。一番寂しいのはV6ファンですが、Jr.時代から30年近く所属していたタレントが、まさか自宅でテレビを見て知るなんて……。さすがに僕らの間でも〝ジャニーズ大丈夫なの?〟と話題になりました」(同氏)

『日本中に元気を!!ジャニーズカウントダウン2020-2021~東京の街から歌でつながる生放送~』などというタイトルを付けながら、三宅を失意のどん底に叩き落としたのだからシャレにもならない。

ちなみに以前からJohnny's webの連載コーナーでは〝本音満載〟の三宅健だが、もちろんその内容には事務所の検閲が入る。それゆえ、自分たちの明らかな失態を糾弾する内容を載せている事務所側には、まだ他の目的や目論見があったのではないだろうか?

そんな気がしてならないのは、皆さんも同じだろう——。

〝SNS解禁派〟三宅健の戦い

さて、先ほど三宅健がJohnny's webの中でカウコンに関する本音をぶちまけたエピソードをお話ししたが、そのJohnny's webにおける〝タブー〟について、三宅は事務所上層部と〝戦い続けた〟戦士の一人であったという。

『そんな大袈裟なものでもないんだけどさ。
でも俺と光一と滝沢は、ずっとジャニーさんに、
「何とかしてよ」と訴え続けてきた側の人間なのは確か。
滝沢に「タレントを辞めて裏方になりたい」って相談された時も、
真っ先に浮かんだのは滝沢が先頭に立って改革する姿で、
内心「これでジャニーズ事務所が世界の常識に追いつける」——って嬉しかったもん』〈三宅健〉

ジャニーズ事務所はタレントの肖像権に対しての監視の目が厳しく、もちろん今も昔も権利を侵害することは許されることではないが、たとえばテレビ番組においては、かつてのように〝ジャニーズは顔写真が使えないから似顔絵で紹介しなければならない〟ジャニーズルールは、一部ではずいぶんと緩和されている。

「三宅くんの言う通り、ジャニーズの所属タレントがＹｏｕＴｕｂｅなどの動画投稿をやる時代が来るなんて、ほんの5～6年前までは想像すら出来ませんでした。Ｊｏｈｎｎｙ'ｓ ｗｅｂも制約が多くて、顔写真ですら掲載されない頃もありましたからね」

ジャニーズタレントのバラエティ番組を多く手掛ける人気放送作家氏は、「実際に僕がこの目で見た範囲では、タレント側も特に動画投稿はやりたがってましたね。たとえば文章を書くのは苦手でも、センスに溢れる動画を撮ることが出来るメンバーもいる。一律でアナログの世界に閉じ込められていた現状を、三宅くんたち〝解禁派〟が突破してくれたのです」

――と話す。

ファンのみんなに楽しんでもらえるなら、自分たちがやれることはやろう――。

それが解禁派に共通する想いだった。

『だって自撮りの顔写真どころか、手や足の一部、極端に言えば地面や壁に映る影の写真ですら、自分の公式ブログに上げられないんだよ?

そんなブログ、どこにあんのさ。

普通、ブログって写真ありきの部分があるし、それを簡略化したのがＩｎｓｔａｇｒａｍじゃん。

アイドルは夢を見させる仕事なのに、その部分だけ権利だなんだって現実を見させてどうすんだよ』

――驚くほどにど真ん中を突く正論ではないか。

『でも、そこで世間の需要はこうだとか流行がどうだとか、
正面からぶつかっても聞いてくれないんだよ、一番偉いオジさんは(笑)。
理論的に話しても通じないから、感性に訴えるしかない。
俺が「こんなことをしたら楽しいよ～、笑えるよ～」って、
常にオジさんをあやす感じで、
「見たくない? そういう動画?」――って誘導するしかなかったんだよね』

ジャニーさんに対して——

『影ぐらいいいじゃん、ケチ!』

——などとわざと悪態をつきながら、その実、徐々に自分のペースに引きずり込んだという三宅。
そうしてまずは〝影〟がOKになり、次は手や足の先からジワジワ顔まで上がっていく。
一つ一つ、焦らずに段階を踏んでいったそうだ。
最初にジャニーさんと交渉し、今のように動画投稿が出来るまでに10年かかったという。

『滝沢がJr.のプロデュースを始めて、
〝アイランドTV〟みたいなキチッとしたビジネスに結びつけたのも大きいね。
Jr.が先陣を切って、「その橋、渡れる？ 大丈夫？ 落ちない？」——となってから、
俺たち先輩が後をついていってるのが今。
SnowManもSixTONESも上手くYouTubeを使いこなしてるし、
滝沢についていけば間違いないよ』〈三宅健〉

どうやら解禁派の基盤も出来上がったようだ。

とはいえ三宅は、『SNSとは上手くつき合わないとお互いに価値を落とす』――と懸念する。

SNSを媒介したファンとアイドルの距離感は〝縮めるべきではない〟というのが三宅の意見だ。

『滝沢がSnow ManとSixTONESを時流に乗せた手腕は凄いけど、
俺たちが忘れちゃいけないのは、
ちゃんと俺たちに〝夢を見させて欲しい〟ファンもたくさんいるってこと。
SNSは使い方を間違えると、すぐに炎上する。
それはたぶん、〝夢を見せられてない〟証拠なんだよ』〈三宅健〉

そう、三宅たち〝解禁派〟が目指したのはSNSの全面解禁ではなく、自分たちが発信する情報に、ファンが喜んでもらえる動画や写真という付加価値を付けることだったのだから。

“ボランティア活動”への真摯な想い

昨年、医療従事者の皆さんに対する支援活動で、一般の方々にも広く名前が知られるようになった『Ｓｍｉｌｅ Ｕｐ！ Ｐｒｏｊｅｃｔ』。

ジャニーズ事務所はＳｍｉｌｅ Ｕｐ！Ｐｒｏｊｅｃｔから支援活動を始めたわけではなく、Ｖ６もメンバーだったＪ－ＦＲＩＥＮＤＳが、阪神淡路大震災のチャリティー活動のために結成されたことを知らないファンはいないだろう。

「Ｓｍｉｌｅ Ｕｐ！ Ｐｒｏｊｅｃｔは石原軍団の炊き出しに参加し、継続して支援を行うことの大切さを身をもって知った木村拓哉くんと長瀬智也くんがジャニーさんに訴え、本腰を入れて取り組むことになったプロジェクトです。２０１８年7月24日に立ち上げ、最初の支援活動はその10日後に行われました。そしてそこに木村くんと共に参加したのが、三宅健くんと生田斗真くんだったのです」（人気放送作家氏）

そう、三宅はスタートからの参加者だったのだ。

「2018年は西日本を襲った大規模な豪雨災害や千葉県の台風被害など、改めて自然災害の恐ろしさを知った年でした。そんな年だったからこそ、Smile Up! Projectが立ち上がった意味が大きい。8月の4日と5日に広島県の呉市を訪れた三宅くんは当時『想像していた以上に皆さんが炊き出しを喜んでくれて、逆にこっちのほうが励まされに来たような、そんな経験をさせてもらいました』――と、自分に〝第一号〟の声をかけてくれた木村くんに感謝していました」

(同人気放送作家氏)

被害に遭った現地の状況を見た時、最初は――

『**俺たちが来たって、一体何の役に立てるんだ……**』

――と、ただただ呆然としてしまったという三宅。

確かに災害ボランティアは、人間がいかに無力かを思い知らされる瞬間でもある。

『木村くんからお声がけを頂いて参加することが出来て、
もし木村くんから声をかけて頂けなかったら、
「健がいいんじゃね?」と思ってもらえなかったら……
ああいった形での支援活動に参加出来てなかったと思うので、
今でも心から木村くんに感謝してます。
ジャニーズの中でそれぞれのグループの枠を超えていろんな世代のメンバーが集まり、
同じ目標のために力を注ぐ。
でもいくら目標は同じでも、メンバーそれぞれによって被災者の方々への接し方も違う。
いい意味で個性が出るというか、見習わなければいけない点もたくさんあって、
それは年上も年下も関係ない。
貴重な経験でしたし、災害が起こらないほうがいいに決まってるけど、
自分の力がまた役に立てるのなら、それは積極的に(参加を)志願したいですね』〈三宅健〉

三宅にとっては初めてのボランティア活動だったが、メンバーの中で印象的だったのは、やはり木村と途中参加の長瀬智也だったそうだ。

『木村くんを見たご高齢のお姉さまが本当に感動して、
「えっ？　本物!?　キムタク！　私もう死んでもいい」とか、感激しているシーンに感激しました（笑）。
木村くんへの絶大なる信頼感と偉大さ、影響力がとても強い先輩だから、
そういう人が炊き出しをして激励をしに来てくれるってことが何よりも励みになるんだな～と。
それと長瀬は被災者の皆さんに接する態度が見たことがないほどフランクで、
あの現場では自らカメラに向かって変顔やピースを向け、
オジさんたちと肩を組んでツーショットを撮ったりするんです。
長瀬の周りではみんなが笑顔になって、避難所生活のストレスが和んでいるように見えた。
木村くんと長瀬の人間性を知れたことも、俺にとっては価値があるボランティアでしたね』〈三宅健〉

V6が解散した後は——

『グループの名前を背負わなくもいい分、よりボランティアに参加しやすくなる』

——と、三宅健は何かを決意したかのように語った。

三宅健が引き際に想う〝V6の美学〟

三宅健が〝V6の解散〟について重い口を開いたのは、2021年3月12日にジャニーズ事務所から解散発表があった3日後の深夜、自身がパーソナリティを務める『三宅健のラヂオ』(bayfm)でのことだった。

この日の三宅は、冒頭から――

『今日はこのラジオ聴いてくれているファンのみんなのために、この30分を使いたいと思います。ちゃんと上手く話せるかわからないけど、お伝えしたいと思います』

――と宣言。

自分の口からファンにメッセージを送ることを約束した。

しかしながら、そう切り出したものの、その言葉にはまだ戸惑いや迷いの色が感じられた。

『何から話していけばいいのか難しいんですけど、僕自身実感が湧かないというか……』

いきなりの解散発表で傷つけてしまったファンに、今さらどの面を下げて話せばいいのか……。

三宅のジレンマや葛藤、何よりも申し訳ない気持ちが入り交じり、本音をズバズバと発する彼でさえ、選ぶ言葉が浮かんでこないようだったという。

「実はこのラジオを収録したのはオンエア当日だったそうで、三宅くんは解散発表の当日、石川県小松市(こまつ芸術劇場うらら)で翌日から上演される『藪原検校』のために新幹線に乗っていて、その車中で番組に寄せられたメールをパソコンで読んでいて、思わず号泣してしまったそうです」

(人気放送作家氏)

正式に解散が決まった時点で、三宅の中では踏ん切りがついていたと思っていたV6の存在。

しかしリスナーやファンたちの悲痛な声、あるいは逆に『自分も悲しいのに僕らを気遣ってくれる優しさ』に触れ、三宅の心は激しく動揺したのだろう。

『6人で話し合い、剛の脱退で〝5人でのリスタート〟を選ばず、

「剛がいないなら解散しよう」

――と言い出したのは、自分だったも同然なのに。

それが本当に正しかったのか、今さらすぎるほど今さらなのに考えました。

SMAPやTOKIO、後輩でもKAT-TUNやNEWS、関ジャニ∞も、

最初にメンバーが1人抜けても解散しなかったし、

KAT-TUNは最初の2分の1、NEWSなんて3分の1になっても解散してないのにね。

でもそこはグループの〝歴史〟っていう、損得勘定では語れない25年がある。

6人でやってきた25年が、26年から〝5人になります〟は、

俺の中では他のグループとはまったく違うんだよ』〈三宅健〉

さらにその想いは、間もなく三回忌を迎えるジャニー喜多川さんにも向けられた。

『俺と俺たちはジャニーさんが作ってくれたこのグループが本当に大好きだし、
1人も欠けることなく25周年迎えられたのは、
天国で絶対に喜んでもらえていると思っています。
もちろん30年、40年続いたら、それほど幸せなことはないですけど、
ヨボヨボになってまでやるのがいいのかはわからない。
「ジャニーさんが作ったものをキレイな状態のままで、箱にしまえるのかな」
——って思いますすね』〈三宅健〉

まさに立つ鳥跡を濁さずの心境に違いない。
美しい引き際こそが、V6の〝美学〟に相応しいのだから。

『Jr.時代のこととか、いろんなことが走馬灯のように廻る日々ですけど、
四半世紀(25年)V6でやってこられたのが誇りだと思いますし、
同じ時代に(ファンの)みんなと出会えたことは、奇跡のようなものなので。
あと個人的な意見ですけど、
自分たちのパフォーマンスをやる上でドームクラスだと(広すぎて)
伝わりきらないと思っていたので、アリーナクラスでずっとやってきたつもりですけど、
今回に限っては代々木(第一体育館)とか聖地だからとか抜きにして、
〝見たい、来たい〟と思う人が余すところなく来られるようにしたいなって思います。
コロナ禍で出来ることは限られていますが、いろんな可能性がある。
「みんなと会える場所を作りたいな」って思います』〈三宅健〉

実はすでに11月1日の代々木第一体育館は押さえてあるというが、後輩の嵐が〝ファン全員に見てもらいたい〟気持ちから前人未到の5大ドームツアーを行ったことを念頭に、三宅健は——

『あらゆる可能性を排除しない。

……あれ、どっかの政治家さんが言っていたセリフみたいじゃん(笑)』

——と言う。

当然のように〝コロナ禍次第〟のご時勢ではあるものの、今夏発売予定のオリジナルアルバムを引っ提げた全国ツアーも予定しているらしい。

V6に残された時間は少ない。

しかし、残る日々を悔いのないように、彼らと共にポジティブに進んでいこうではないか——。

三宅健フレーズ

『何か新しいことを始める時に大切なのは、それをやるやらないの決断力じゃなく、〝やる〟と決めてから動き出す時の行動力。こういうのって、意外かもしれないけど剛が一番じゃね？』

ジャニーズJr.のツートップを〝剛健コンビ〟で務めてから、長年のつき合いになる三宅健と森田剛。普段、口に出して森田に触れることは少ないが、それでも誰よりも信頼を置いていることがわかるセリフ。誰よりも信頼しているからこそ、森田の決断に三宅は黙った頷いたのだ。

『アイツは映画が本当に好きで、そのための努力は惜しまない。でも、好きな仕事のためなら何だって乗り越える姿を見てると、何か悔しい。「俺だって好きな仕事のために努力したいんだよ！」――って』

三宅健が岡田准一に抱く〝複雑な心境〟。岡田の努力を認めながらも、どこか悔しい想い。仲が良いからこそ胸に秘める〝ライバル意識〟。

『最初に言い出したのはイノッチだよ。
人のこと〝ミスター隙間産業〟って。
でも確かに、俺はメンバーが精神的に疲れてるかどうかピンと来るし、
心のスキ間を埋めてあげたくなる』

三宅健が〝ミスター隙間産業〟と呼ばれていることについて、V6と共に仕事をしているスタッフほど「言い得て妙」だと言う。井ノ原快彦や坂本昌行が認める、三宅の特殊能力。

『V6ってさ、一人一人が自分の仕事をちゃんとこなしているからこそ、
集まった時にいつも変わらない力が出せるんだよ。
俺は個人プレーは悪くないと思ってる。
だって個人プレーが繋がれば〝最強のチームプレー〟を生み出せるから』

時に〝個人プレーに走りがち〟と言われる自由奔放なスタイルこそ、V6のチームプレー、団結力の源だと胸を張る三宅健。最強のチームプレーを誇ったV6は形を変え、これからはメンバーそれぞれが〝最強の個人プレー〟を見せてくれるはずだ。

『20年経って思うことは、ファンのみんなへの感謝しかない。

たくさんのグループがいる中で、僕らを選んで支えてくれて本当にありがとう！』


20周年当時に語った三宅健ならではの感謝の言葉。V6を支えてくれたファンに対する感謝の想いは、今も、そしてこれからも永遠に変わらない。


『ケチくさい未来予想図を描いても誰も憧れてくれないし、ときめいてもくれない。

もちろん〝スゲエ！〟とも思ってくれない。

俺がアイドルである以上、リッチでキラキラした未来予想図を描くのは、ある程度は義務みたいなものですよ』

アイドルの自分が背負っている〝義務〟について、三宅健は「俺自身がゴージャスな未来予想図を描くこと」と答える。V6としての活動を終えようとしている今、果たして三宅はどんなゴージャスな未来予想図を描いているのだろうか？　三宅の描く〝未来〟に期待しよう。

4th Chapter——

岡田准一

Junichi Okada

ラストメッセージ

Last MUSIC FOR THE PEOPLE

岡田准一と二宮和也、そして草彅剛を巡る関係

V6主演の『COSMIC RESCUE』『ハードラックヒーロー』が公開された2003年、岡田准一はテレビシリーズの劇場版とはいえ、初めて『木更津キャッツアイ 日本シリーズ』で映画単独初主演を果たす。

「2005年公開の『東京タワー』『フライ，ダディ，フライ』が映画俳優としてスタートラインに立った年だと思います。同じ年の連ドラ『タイガー&ドラゴン』（2005年1月クール）、2007年10月クールの『SP 警視庁警備部警護課第四係』への出演以降、連ドラは2014年の『軍師官兵衛』まで出演しなかった。それはとりもなおさず、映画出演に注力していたからです」（有名放送作家氏）

2006年公開『花よりもなほ』、2008年公開『陰日向に咲く』、2009年公開『おと・な・り』、2010年と2011年公開『SP THE MOTION PICTURE』シリーズ、2012年公開『天地明察』、2013年と2015年公開『図書館戦争』シリーズ、2013年公開『永遠の0』、2014年公開『蜩ノ記』。これらの作品は岡田が大河ドラマ『軍師官兵衛』の撮影に入る前にクランクアップを迎えた作品だ。

なるほどこれだけの作品に出演していれば、連ドラに出演する隙はなかっただろう。

「まさに〝映画俳優・岡田准一〟の覚悟を反映したかのような出演ですが、その中で2015年に発表された日本アカデミー賞（2014年公開作品）で最優秀主演男優賞、最優秀助演男優賞のW受賞を果たしたのですから、その決断は正しかったということです」（同有名放送作家氏）

そんな岡田がジャニーズ事務所の中で意識しているのは、舞台俳優としての森田剛、そして映画俳優の二宮和也だという。

岡田が受賞した翌年、2016年に発表された日本アカデミー賞（2015年公開作品）で最優秀主演男優賞を受賞した二宮和也。アカデミー俳優同士となれば、意識するのも当然だろう。

二宮は受賞スピーチで――

『（去年から酒を）飲んでいくうちに悔しくて。
「俺も欲しいな」という風にだんだん思ってきた時、
岡田くんと会って「次はお前だから」――と言って頂きました』

――と、感無量で語った。

後に二宮は――

『その時、会場の優秀主演男優賞テーブルに〝岡田くんがいるつもり〟で話した』

――などと話していた。

あまり表には出てこないが、岡田は二宮に定期的に連絡を入れ、究極のインドア派を自認する二宮も――

『木村くんと岡田くんの誘いは断れない。
なぜか中居くんは断れるけど（笑）』

——と、数少ない〝尊敬する先輩〟に岡田の名前を挙げているらしい。

「岡田くんは大阪府枚方市の実家にも二宮くんを連れていったことがあるそうで、二宮くんは嵐のメンバーに『（実家は）ザ・ベッドタウンだった』と感想を話したといいます。ちなみにその時、相葉くんだけは『岡田くんちの実家、そんなにベッドでけえんだ』——と感心していたそうです（爆）」（前出有名放送作家氏）

２０１９年の日本アカデミー賞（２０１８年作品）では、岡田が『散り椿』、二宮が『検察側の罪人』でノミネート。同じテーブルで仲の良さを見せつけていたとか。

「確かに2人共ノミネートされましたが、岡田くんは優秀主演男優賞、二宮くんは優秀助演男優賞で、本来は別のテーブルに座るべきでしたからね」（同氏）

さらに岡田はオフレコで、今年発表されたアカデミー賞にも触れていたそうだ。

『SMAPのメンバーが、

〝アイドルに芝居なんか出来るのかよ〟っていう現場の空気を変えてくれたのは、いろんなメンバーやジャニーズ以外の先輩（役者）から聞かされてきた話で、そのおかげで自分たちはあまり色眼鏡で見られなかった、恵まれた点ですよね。

個人的にSMAPの頃に（メンバーと）飲みにいったりとかはなかったけど、でも草彅（剛）くんが今年『ミッドナイトスワン』で最優秀に選ばれたのは、かなり感動してしまいました。

あの役はもし草彅くんがSMAPのままだったら受けてなかったかもしれないし、陳腐なセリフになるけど〝鬼気迫る芝居〟って、まさにあれを指すんだなって。

それに最優秀に選ばれたのに、誰よりも腰が低くて』

草彅剛について嬉しそうに語る岡田准一。

出来ることなら、岡田と二宮、そして叶うなら草彅を含めた共演作品を見てみたい。

一体そこには、どんな化学反応が待っているのだろうか——と。

『ザ・ファブル』シリーズに懸ける想い

岡田准一が主演するシリーズ第2作『ザ・ファブル 殺さない殺し屋』。
第2作は〝殺しを禁じられた伝説の殺し屋〟ファブルが〝唯一、殺しそこねた男〟宇津帆（堤真一）
との再戦。そしてファブルが関わった事件をきっかけに心を閉ざした、訳アリなヒロイン・ヒナコ
（平手友梨奈）が物語の核を握る登場人物たち。

『〝1年間の休業を命じられた伝説の殺し屋〟って、
まあ漫画だからこそ描ける世界じゃないですか。
自分自身、漫画が原作の作品に出演するのは初めてだから、
共演の木村文乃さんや山本美月さんと一緒に、
俳優として漫画のキャラクターに命を吹き込む作業にどう向き合うかは、
1作目はずっとアイデアを出し合いながら進めましたね』〈岡田准一〉

『ファブル』シリーズは単なるアクション映画ではない。原作の中で描かれたアクションとユーモアの融合を、実写版でどう表現するか?

岡田のアプローチはまずそこから始まったという。

『小説は読者が読み進める中で、自分なりの想像に幅もありますよね。
でも漫画は、前面にビジュアルがドーンと出てくる。
そこがやっぱり、演じる上では一番難しいと感じます。
『ザ・ファブル』はアクションとユーモアが同居した、緩急のある人間ドラマ。
実写化して、原作ファンに認めてもらうのはもちろん、
大人に向けた硬派な作品なのか、より幅広いエンタテインメントなのか、
映画としてバランスを取るのが、とても難しい』〈岡田准一〉

岡田自身、もともと原作の大ファンだった。

それゆえに『絶対面白いものにしなくちゃいけない』想いが強く、自分にプレッシャーをかけるために格闘技のプロがこなすメニューに勤しんだそうだ。

「最近の邦画、特にアクション作品は韓国映画に負けじと頑張っています。『ファブル』にもハリウッドで活躍するアクション監督のアラン・フィグラルズ（『ボーン・アイデンティティー』など）がファイトコレオグラファーを担当。日本からは富田稔率いるアクションチームがスタントコーディネーターとして参加、さらに現場では岡田くんのアイデアも随所で採用されました」〈映画関係者〉

第1作でファブルをつけ狙う殺し屋・フードを演じた福士蒼汰は、岡田とは『図書館戦争』シリーズからの師弟関係。〝岡田道場〟に通う若手俳優の代表格だ。

『蒼汰とは信頼関係があるので、安心して出来ますね。
だからこそ、よりレベルの高いアクションで、
あいつが演じたフードのキャラクターを膨らませてやりたかったんです。
殺陣のアイデアも2人で出して、手持ちの武器も周りの敵とは違うものにして、
「変えたほうがいい」って提案したり。
かなりのムチャ振りも「大丈夫でしょ？　出来るよね？」――と言えば、
蒼汰は「出来ません」とは言わないから（笑）』〈岡田准一〉

間違いなくこれまでの日本映画の限界を超える圧倒的なアクション、衝撃的なストーリー展開に加え、そこに差し込まれるシュールな笑い。

岡田のもとには第3作の企画も持ち込まれているが――

『俺今年で41（才）だからね。

これ以上のムチャ振りはしないでね』

――と、やや腰が引けているようだ（爆）。

とはいえ、おそらくは実現するであろう『ザ・ファブル』シリーズ第3作で岡田准一がどんなアクションと演技を見せてくれるのか、今から楽しみにしていよう。

〝岡田准一監修フィットネスジム〟本格展開計画

ジャニーズ事務所が他の大手芸能プロダクションと決定的に違うところ。

それは所属タレントの〝副業禁止〟だ。

「〝副業〟とひと口に言っても、その関わり方によって事務所側の対応も違いますけどね。たとえばプライベートの友人が飲食店を経営し、自分は資金援助もしてなければ報酬も受け取っていないとなれば、経営上のアドバイスをしてもタレントの名前が表に出なければセーフ。しかしこんなレベルで問題になるのはジャニーズだけですよ」〈芸能リポーター〉

つまり逆に言うと、資金援助を行ったり報酬を得ていたりすれば、タレントの名前が表に出なくてもアウト。このパターンで退所したメンバーがいることは言うまでもない。

「そんなジャニーズ事務所ですが、これからは多角的経営戦略の一環として、タレントの名前を全面に出した副業をサポートするのでは?……と言われています。そうなるともう、事務所公認の〝正業〟のようなものですが」

ジャニーズ事務所とは30年来のつき合いになるフジテレビの制作プロデューサー氏は、「僕の耳に入ってきた情報が実現したら、ちょっとしたブームになると思いますよ」と意味深に語り出した。

「岡田准一くんによる〝フィットネスジムの展開〟です。すでにその第一歩として、ジャニーズ事務所の本社内に岡田くんが監修した社内ジムを設営。コロナ禍の前はタレントなら24時間使えるようになっていました」（フジテレビ制作プロデューサー氏）

とはいえメンバーはそれぞれ、自費でフィットネスジムに通っている。タレント専用ジムの必要性はあまりないように感じるのだが……。

「実はあのＬＤＨ（※ＥＸＩＬＥ等の所属事務所）も早くから専用ジムを持っていて、そこには若手からベテランまで全世代のメンバーが集まり、互いに励まし合いながら厳しいメニューをこなしているそうです。専用ジムによって世代間の風通しが良くなり、絆が強くなった。そういう経験談を滝沢くんがｈｉｒｏさんから聞いていて、影響というよりも〝刺激〟を受けたようですね」（同プロデューサー氏）

ジャニーズ事務所は乃木坂に本社を構えて以来、タレントの福利厚生に力を入れている。

手始めに栄養士を揃えた社員食堂を作り、タレントはすべて無料。

リハーサルを終えたタレント同士が交流する場面もあったとか。

「そういうシーンを嬉しそうに見守っていたのがジャニーさんです。長野くんも『自分の考案したメニューを出したい』——と申し出ていたとも聞いています。フィットネスジムはさしずめ第2弾で、タレントからの評価があまりにも高いので、チェーン展開するアイデアが出たようです」(同氏)

その高評価を与えたタレントの筆頭が木村拓哉だった。

木村は初めてのソロライブツアーの合間、興味本位で事務所内のフィットネスジムを覗いたそうだ。

『〝岡田准一が監修した〟と聞いたら、試さないわけにはいかない』と顔を出したところ——

『ガチに凄い!

見事の一言!

結構な入会金でジムに通ってる自分が悲しくなるぐらいの素晴らしさ』

——と大絶賛。

それから何回か顔を出してみると——

『二宮に会ったし、休業する前の大野にも。
コロナ禍で閉めるジムが多かったから、嵐にはタイミング的にも最高の施設なんじゃない？
……というか、それにしても岡田はスゲエよ！』

——と、行くたびに感心したと話していたそうだ。

岡田に「ジムを作ってみないか」と声がかかったのは3年ほど前で、準備に1年近くかけた〝本物志向〟のジムが完成。

さらに岡田は〝ある提案〟をジャニーズ上層部に提示したという。

『来年か再来年か、Jr.の子たちが定年制になるんでしょ?
もし本当にフィットネスジムを運営するなら、
卒業するJr.の子たちがパーソナルトレーナーとして在籍するとか、
次の人生をサポート出来る場を作ってあげたいんですよ。
俺はすぐにV6に呼んでもらえたからこそ、逆に長年頑張った子たちをたくさん見ているし、
Jr.を辞めて仕事に恵まれない子もいるって話を聞いたこともある。
卒業しても芸能界で頑張りたい子もいるだろうけど、あくまでも選択肢の一つとして、
ジムに限らずジャニーズは〝受け皿〟も考えなきゃいけないんじゃないかな』

まさか岡田が、後輩たちのセカンドキャリアをここまで具体的に考えていたとは——。

木村拓哉も大絶賛する〝岡田准一監修フィットネスジム〟の今後の展開が大いに楽しみだ。

岡田准一が見据える〝V6解散、森田剛退所〟、その先――

岡田准一は――

『たぶん、小2ぐらいの時から、
〝自分はどう生きるか？　どういう大人になりたいか？〟という自問自答を、
ぼんやりとではあるけど繰り返してきた』

――と言う。

『小2だと1980年代の半ばから後半に向かうあたり、
地元や近隣の駅前が結構栄えてきて、その生活半径の中で人生が形成出来ちゃうんです。
高校や大学、企業もどんどんと進出して、ショッピングセンターや観光地、
忘れちゃいけない〝ひらかたパーク〟がある(笑)。
大阪も京都も京阪電車の急行で何十分かで出られるし、
本当に一生、そこにいれば便利に過ごせる。
「でも、それでいいのかな?」――と』〈岡田准一〉

そんな岡田がテレビ番組の〝ジャニーズ予備校〟を経て、ジャニーズJr.へ。

そしてほどなくV6に加入する。


『普通の人は大学を出る22~23才から経験することを、僕は14才から経験し始めた。

実際、周りの大人たちはみんな20代の中盤以降の方々。

そんな大人に囲まれながら〝生きる意味〟や〝仕事をする意味〟を必死に考えたんです。

準備期間がなく、プロの世界に飛び込んだおかげで』〈岡田准一〉

そこで芽生えたのが、知識や経験が足らない劣等感。
そして己の実力不足に対するコンプレックスだった。

『V6を3～4年続けて、ちょっとずつ仕事のことがわかってきた頃、
自分が「出来ている」と思っていることと周囲からの評価が剥離していたり、
「もっと頑張らなきゃ」っていう空回りを16～17才で経験すると、
完全に負のスパイラルに落ちてしまっていた。
当時はあがくことしか出来ず、
でも今思えば10代でドン底にいたからこそ、
「その経験があっての自分」だと心から思えるんですよね』〈岡田准一〉

芸能界に入り、いわゆる〝天才〟と評価される才能を間近で見てきたからこそ、岡田は——


『今からでも遅くはない。

一から勉強して、追い越すことは無理でも、背中に〝タッチ〟ぐらいは出来るはず』

——と、ストイックに生きる道を選ぶ。


『自分は大した才能がない地味な人間。

「だから勉強ぐらいしよう」——とポジティブに開き直って、
まず家に帰ったら映画を3本見て本を1冊読む。それをノルマに決めたんです。

もちろん〝ノルマをこなす〟だけでは意味がないから、
心に響いた言葉や映画の感想、気になるカット割りをノートに書き留めて復習もしました。

本はデール・カーネギーをはじめ、フロイト、カント、ドストエフスキー、ニーチェ。

精神世界やスピリチュアル系の本にも手を出しました。

仏教書も奥が深くて自分自身と向き合うには最適でしたね』〈岡田准一〉

寝る時間があったら身になることをしよう。

それを筋トレのように習慣づけることで、小2の頃に頭に浮かんだ〝なりたい自分〟になるためのベースを築き上げてきたのだ。


『僕自身には才能なんてないけれど、唯一あるとしたら、才能ある人々と出会える能力だと思っています。

健くんは――

「それは岡田の努力が導いたんだよ。そこまで努力することが出来たのはお前の才能」

――なんて言ってくれるけど、
まず最初に打ちのめされたのは〝剛健〟の才能ですから、それはすごく嬉しかったです』〈岡田准一〉

そして今年の11月1日、岡田を最初に打ちのめしたコンビの一人、森田剛がジャニーズ事務所を退所する。

『〝剛健コンビ〟は2人とも本当に優しい人で、
ずっとカミセンの活動は出来ていなくても、

「何してんの？」――と、

〝何となく話したいな〜〟と思ってる時に連絡をくれるんです（笑）。

僕は剛くんの25年を隣で見てきたから、剛くんのどんな決断も尊重するし、
絶対に信じていることがあるんですよ。

剛くんは絶対、

「なりたい自分になるために前に進もうとしているんだ」――ってことを』〈岡田准一〉

そこにはV6が解散する、森田剛が退所する寂しさよりも――

『その先の未来にある〝ワクワク感〟しかない』

――と、岡田准一は笑顔で語ってくれたのだ。

『「今は上手くいかなくても、そのうち勝手に上手くいくんじゃね？
役者なんて、そんな簡単に本物になれねえよ」
——と、剛くんが笑いながら返してくれて、驚くほど気持ちが楽になったんです』

本格的に映画俳優のキャリアをスタートさせたものの、なかなか思い通りの演技が出来ない岡田准一。そんな岡田にかけた、森田剛のひと言。メンバー同士にしかわからない、メンバー同士だからこそ育まれた〝絆〟。その絆が生み出す深い信頼関係がそこにはある。

『〝剛くんを意識するか？〟と聞かれれば、それはもちろん意識してますよ。
しかもメチャメチャ（笑）。
せやけど何だかんだ言うて〝兄弟〟みたいな関係ですから、
そこでライバル視されるのは、むしろ今まで〝待ち遠しかった〟感覚ですね』

森田とライバル視されるのが待ち遠しかったという岡田准一。それは〝同じ土俵〟で戦える喜び。兄弟のような関係だからこそ意識する〝森田剛〟という存在。

『〝常に人より半歩前に出るための努力をする。

その積み重ねが、1年後には100mの差になっている〟

——を忘れずにやっていきたい。

才能があるとかないとか、努力の前には何の裏付けにもなりません』

自分の経験から生み出したこの言葉に、岡田准一は忠実に従う。すべては今日より明日、明日より明後日……と成長していくために。常に人より半歩前に出るための努力をこれからも岡田は続けていく。


『今さらやけど、僕はあの時期にジャニーズ事務所に入れて、まだマシやったと思いますね。

きっと今やったら、僕みたいな入り方した子は大変やもん。

せやから、いろいろ気にしたり、力になったりしてあげたいんです』

後にCDデビュー組の〝サプライズ枠〟と呼ばれる第1号は、紛れもなく1995年にジャニーズJr.入りし、同年にV6としてデビューした岡田准一。岡田は自らの境遇に照らし合わせ、サプライズ枠の後輩に対し、意外なほどのフォローとバックアップを続けていた。それは自らの〝原点〟を決して忘れない岡田の〝知られざる一面〟。

『V6を離れて一人で仕事をすると、
僕はいつもV6のステキなお兄さんたちの愛に育まれていたことに気がつくんです』

どこで、どんな仕事をしていようとも、メンバーに見守られていると感じる岡田准一。常に見守ってくれているメンバーへの感謝の気持ちは忘れたことがない。

『〝迷った仕事は受けてみる。迷った時は絶対に前に出ろ〟――っていう、
坂本くんの教えを守ってるんです。
失敗しても成功しても、前に出てチャレンジした事実は残る。
その事実が自分を強くしてくれる』

今や自身で次回作を選べるようになった岡田准一。しかし時には、ギリギリまで「この作品に出るかどうか」迷うこともあるという。そんな時、岡田の背中を押すのは、いつも坂本昌行からもらった〝この言葉〟だった。岡田准一の基本にある〝V6の魂〟は永遠に不滅だ。

5th Chapter——

坂本昌行

Masayuki Sakamoto

ラストメッセージ

Last MUSIC FOR THE PEOPLE

坂本昌行〝最恐伝説〟

「今年の7月で50才になる坂本くんは、ジャニーズに所属するタレントでいえば東山紀之さん、内海光司さん、岡本健一さんに次いで、上から4番目の年長者になります。昨年の25周年の時には『膝関節が痛い』『体が言うことを聞かない』……などの発言をしていましたが、若い頃は誰よりも血気盛んで、あのジャニー喜多川さんが坂本くんの顔色とご機嫌を窺っていたほどです（笑）」

V6のメンバー、特にトニセンの3人は、

「何年かに一度、坂本くんの懐かしい武勇伝で盛り上がる。一方でカミセンにはガチに怖い先輩だったたので、たまに三宅くんが『そうだよ』『怖かったよ』の相槌役で加わる」

――と話すのは、V6をJr.時代から知る某制作会社の重鎮スタッフ氏だ。

「テレビやラジオでたまに話すエピソードは、実はまだまだオブラートに包まれています。しかも尖り方が全方向に向いていたので、ジャニーさんも先輩もビビっていましたね。坂本くんのデビューが遅れたのは一時退所していたからではなく、性格が丸くなるまでデビューが許されなかったとも」
（重鎮スタッフ氏）

ある程度は尾ひれがついているにせよ、時に周囲のJr.が「（殴り合いになるんじゃないか）」とハラハラすることもあったそうで、実際すでにジャニーズを退所した某タレントは「坂本くんとのケンカに負けて追い出された」などという、物騒なエピソードも（苦笑）。

「平家派のメンバーですね。でも坂本くんの最恐伝説は腕っぷしだけの話ではなく、彼がいかに期待されたJr.であったかも含まれているんですよ」（同重鎮スタッフ氏）

17才でジャニーズJr.入りした坂本は、すでに光GENJIのバックで名前が知られていたJr.ユニット・平家派に抜擢。

平家派に在籍していたメンバーにはトニセンの3人の他に、TOKIOの城島茂と国分太一、そして山口達也もいた。

「平家派の前身は〝スケートボーイズ〟で、まずは彼らが光GENJIのバックを務めていました。基本的には12名のメンバーを軸に、延べでいえば20名ほどのメンバーが在籍。そのスケートボーイズからSMAPの6人が選抜され、漏れたメンバーが平家派として引き続き光GENJIのバックで残ったのです。ただしスケートボーイズから平家派、そしてCDデビューまでの道を辿ったのは太一くんだけ。城島くん以下は平家派からの参加でした」(同氏)

しかもその平家派に遅れて加入した坂本は、同時に平家派のセンターポジションを与えられたのだ。

「バックダンサーの〝センター〟っていうのは微妙な言い方ですが、逆に言えば在籍メンバーよりも期待されていたことになります。この〝センタースタート〟から、坂本くんの最恐伝説が本格的に始まります」(同氏)

Jr.のエリートコースに乗った坂本昌行には、それに相応しい仕事が舞い込んでくる。

その最たるものが、ジャニーズJr.の誰もが出演したがる『3年B組金八先生』(TBS)への出演だった。

「当時は『金八』のオーディションを受けるための〝ジャニーさんオーディション〟があったほど。しかもそのオーディションで、坂本くんは審査員から絶賛され、生徒側の〝2番手〟の役に起用される寸前だったのです」(同氏)

そのオーディションこそ『3年B組金八先生 第3シリーズ』のオーディション。

ジャニーズからは長野博と元SMAPの森且行が合格し、中居正広と木村拓哉が不合格だった、それこそ〝伝説のオーディション〟だ。

坂本は生徒側の主人公と対立する不良生徒役で、第1シリーズでいえば近藤真彦が演じた星野清、第2シリーズでいえば直江喜一演じる加藤優の役どころ。

生徒役では大役と言えるものの、しかし坂本は『学校があるから（休めない）』と蹴ってしまったのだ。

「スタッフは怒りますよね。〝やる気がないならオーディションを受けに来るんじゃない!〟と。それに対して〝尖っていた〟坂本くんは謝りもせずに部屋を出ていった。プロデューサーはすぐさまジャニーさんに連絡を入れ、烈火のごとく激怒したそうです。当時はジャニーズ事務所もそこまで大きな事務所ではなかったし、第1シリーズから生まれた〝たのきんトリオ〟が大ブレイクしたのは『金八先生』のおかげ。悪びれずにいた坂本くんに、ジャニーさんは『Youは最悪だけど最強だね』——と、皮肉混じりに呆れるしかなかったそうです」（同氏）

さらに坂本がスゴいのは、『金八』を断りながら、同時期に『危ない少年Ⅲ』には番長役で出演していたこと。

まさに「そっちのほうがカッコいいじゃん。『金八』断って『あぶ少』に出る、みたいな」と、完全にパンクの発想だ。

「後に坂本くんは『〝ジャニーさんの顔に泥を塗った〟って感じだよね。本当に申し訳ない』――と反省はしたそうですが、どこまで本気なのかはわかりません。ちなみに坂本くんの危ない性格を知ったせいか、それからは大きなオーディションには送られなくなったそうです（苦笑）」（同氏）

今明かされる〝坂本昌行最恐伝説〟。

果たしてこの伝説が完結するのは、いつになるのだろう――。

最恐メンバーが恐れる〝あの後輩〟

「坂本くんを〝昔はあんなに怖いもの知らずだったのに〟とからかうと、すかさず『昔は怖いもの知らずだったんじゃなく、〝自分には限界はない〟と思い込んでいただけ。今は自分の限界を見極めながらやってるからね』——と、なぜかドヤ顔で返されました。さらに『3mの高さを知る者だけが3mの怖さを知る』——と。ちょっとそっちはピンと来ませんでしたけど(笑)」

こう言って坂本昌行のエピソードを話してくれたのは、V6とは15年来のつき合いになる人気放送作家氏。

最近、別の関係者から耳にした〝不穏な噂〟について、坂本に直接ぶつけた時のリアクションだという。

「その噂とは、聞いた話によるとジャニーズご用達のスポーツジム・Hで坂本くんがトレーニングをしていたところ、後輩ジャニーズが現れた時のエピソードだそうです。一目で誰かわかったのであえて坂本くんのほうから声をかけると、後輩なのに上から目線のタメ口を返されてしまったとか。一瞬『えっ⁉』と思ったものの、坂本くんは『**(やっぱりコイツらはヤベえグループだ)**』……とビビってしまったそうです。というか坂本くんも丸くなりすぎ(苦笑)」(人気放送作家氏)

確かに後輩が先輩に取る態度ではないし、ガツンと説教を喰らっても仕方があるまい。

それにしても一体この後輩とは誰のことなのだ。

「KAT-TUNの上田竜也くんです。確かにメンバーが減るたびに〝キレキャラ〟〝オラオラ系〟に傾倒していますし、目付きも鋭いのであまり近寄りたくないタイプではありますけどね。でも上田くん自身も〝ジャニーズ陸上部〟で後輩Jr.をビシビシ鍛えて上下関係を植えつけていて、彼が〝若頭〟を自認する『アニキ会』はアニキと崇める櫻井翔くんを頂点に、ジャニーズにいくつもある〝会〟の中で〝規律と礼儀、上下関係に最も厳しい〟と評判。しかも櫻井くんにとって坂本くんとV6は、Jr.時代から大恩人として公言している先輩です。まさかその坂本くんに対し、上田くんが意図的に失礼な態度を取ることはあり得ない」(同人気放送作家氏)

そう、上田が坂本に失礼なリアクションをしたのは事実でも、相手が坂本であることを認識していなかっただけの話ではないのか。

「坂本くんがランニングマシンで走っていると、そこにたまたまやって来たのが上田くん。ウェアに着替えた時にマスクも外していたからか、坂本くんはすぐに本人だと気づいたそうです。そこで坂本くんのほうから『おォ！』と声をかけると、なぜか上田くんも『おォ』と返してくるじゃありませんか。一瞬、『（先輩に対して何てセリフを返してるんだ？）』とキレそうになったものの、自分はマスクと帽子をつけたままだったので、ハッと気づいて外してみた。すると上田くんはようやく坂本くんを認識し、大慌てで平謝り。恐縮して固まってしまったそうです（苦笑）」（同氏）

ある意味、コロナ禍だからこそ起こった勘違いともいえるだろう。

『そうなんですけどね。
でも最初のリアクションはドスも利いていて、
「(やっぱり怖ぇよ)」……と感じたのは本当です(笑)。
ただマスクと帽子で変装に近い防御ではありましたけど、
それだけで〝坂本昌行〟だと後輩にわかってもらえなかったことが、
ジワジワと地味にショックで……。
上田くんのリアクションの前に、25年以上もグループのリーダーをやっているのに、
後輩にわかってもらえなかった〝自分の存在感の無さ〟のほうが、
怖いというより情けなかったかな～』〈坂本昌行〉

この言葉を聞く限り、どうやら傷心気味のようだ。

ちなみに坂本昌行が上田竜也と出くわしたのは、ジャニーズ事務所が法人会員になり、一部のデビュー組しか使えない超都心の超高級ジム。

今や渋谷社屋にジムスペースを持つジャニーズ事務所だが、やっぱり選ばれたメンバーは極上の待遇ということかも。

「坂本くんは『プライベートで後輩に出くわすことはほとんどないから、実は貴重な体験になった。コロナ禍でなければ食事に誘ったのに』――とも話していましたが、でもきっと本心は『もう二度とプライベートでは絶対に後輩と出くわしたくない』……と思っているに違いありません（苦笑）」（同氏）

坂本の本音をそう推察する理由。

それは坂本が放送作家氏に――

『そういえば都心でいいジム知らない？
会社のジムは上田くんより若い子ばっかりだからさ』

――と聞いてきたぐらいだから。

30数年前の最恐メンバーが、今や〝最弱メンバー〟に……？

リーダー坂本がパニクった〝ジャニーズ伝統行事〟

コロナ禍の前までは大晦日のカウントダウンコンサートが終わった後の恒例行事として、デビュー組を中心にジャニーズ事務所を挙げての〝初詣〟が行われてきた。

「ハッキリといつ始まったと答えられるギョーカイ人も少ないのですが、僕が覚えている限りでは少なくとも1980年代の半ば頃、某ジャニーズアイドルに『紅白に出るのは嬉しいんだけど、強制的に初詣に連れていかれるんだよな』……とボヤかれたことを覚えています(苦笑)。つまり今ほどの規模ではないにしても、35~36年前には始まっていたということ。ちなみにジャニーズ事務所やバーニングプロダクション、芸映など昭和期に赤坂・六本木に本社が置かれていた芸能プロダクションは、この初詣、さらには節分などのイベントで豊川稲荷東京別院を訪れるのがデフォでした。すると押し寄せるファンの交通整理を担当するのがほぼ目の前にある警視庁赤坂署で、そのお返しに〝1日署長〟などの広報活動を人気タレントがお手伝いする。まさに持ちつ持たれつの腐れ縁が、今も続いていると聞いています」(ベテラン放送作家)

しかし赤坂豊川稲荷は都心でも知名度の高さでは群を抜き、国道246号線に面しているため、ジャニーズ事務所の規模が拡大するに従い、押し寄せるファンを捌き切れなくなってしまう。そこで〝次の初詣先〟に選ばれたのが、東京を飛び出した神奈川県川崎市にある平間寺（通称 川崎大師）だった。

「ジャニーさん、そしてお姉さんのメリーさんがアメリカからの帰国子女だということはファンの皆さんの間でも知られていますが、なぜジャニーさんたちのご両親はアメリカに渡っていたのか？ それはお父さんの喜多川諦道さんが、高野山真言宗米国別院の僧侶で、かつ第3代主監を務めていたからです。川崎大師はその高野山真言宗の大本山で、関東を代表する真言宗寺院の一つ。ジャニーさんとメリーさんにとっては、そもそも川崎大師を選ぶのが自然だったのです」（同ベテラン放送作家）

喜多川家の墓も高野山真言宗の総本山、金剛峯寺の奥之院に建てられている。

しかしそんな初詣も２０２０年から２０２１年にかけてはコロナ禍で中止され、今年の年末も2年ぶりに行われるかは不透明と言わざるを得ない。

「Ｖ6が11月1日に解散し、そのほぼ2ヶ月後ですからね。参加するメンバーにも注目が集まりますし、坂本くんは2年前のリベンジのチャンスが訪れるかもしれないのに……」（同氏）

いかにも意味深に笑ったのは、２０１９年から２０２０年にかけての初詣で、坂本の身にちょっとしたトラブルが降りかかったからだ。

「ジャニーズの初詣はここ何年間も、参拝した直後に東山紀之くんから新年の挨拶があり、全員に東山くんからのお年玉が配られる決起集会のような雰囲気になるそうです。むしろそれが初詣のメインで、参加者はお互いに結束を強めて解散する。よく写真週刊誌に撮られるのは、その解散して外に出てくるシーンです」（同氏）

しかしその年の初詣では東山が体調を崩して急遽欠席したため、その初詣の〝締め〟が坂本に回ってきたという。

『いきなりジュリーさんに「あんたが一番上なんだから挨拶をしなさい」って言われてさ。そりゃあ挨拶ぐらいはちゃんと出来るけど、後輩たちがみんな期待してるのは〝東山さんが配るお年玉〟なワケ。そんなの事前に来る前に言ってもらわないと、現場で言われても何も出来ないじゃん。それで俺が悪いんだけど、その瞬間、「はぁ〜っ?」と声が出ちゃって。顔はもちろん〝何で俺がやんなきゃいけないんだよ。ジュリーさんがやればいいじゃん。滝沢（秀明）だっていいよ〟的な不満を浮かべてて（笑）』〈坂本昌行〉

坂本とジュリー景子社長の周囲は、一転して険悪なムードに包まれてしまったとか。

『とにかく問題はお年玉、お年玉ですよ。
大晦日の夜中にコンビニのＡＴＭに走っても、いくら下ろせるのかわからないし。
ポチ袋は売ってても、中身が伴わないと後輩たちはガッカリするし……』〈坂本昌行〉

ここだけの話、お年玉についてはジュリー社長の力もお借りしたようだ。

「東山くんだけじゃなく井ノ原くんも仕事の都合で欠席したので、新年早々、長野くんから井ノ原くんに、その様子を〝ネタ話〟として教える電話がかかってきたそうです」（同氏）

長野によると——

『東山さんの定位置に坂本くんがいて、
いつもと違う光景に戸惑ったのはこっちのほうだった（笑）。
それに坂本くんも東山さんのポジションに慣れないというか明らかにビビっていて、
やたらと動きがギクシャクしてたよ』

――だったとか。

「井ノ原くんは『もし電話じゃなく会って聞いていたら、長野くんが坂本くんの真似をするパントマイムが見られたのに。それがちょっと残念』と笑っていました。でも最後は『パニクった時は絶対にネタを提供してくれる。30何年か経っても変わらない。坂本くんの素敵なところ』――とフォローしていました」（同氏）

果たしてそれがフォローになっているのか、いないのか……。

しかし、それはますます今年の年末、リベンジの機会を与えてあげたいところ。

坂本には、次こそキッチリと後輩の前で決めてもらおうではないか。

坂本昌行が持ち続ける〝決してブレない本分〟

何度も強調して申し訳ないが、間もなく50才の誕生日（7月24日）を迎える坂本昌行。

いまだ独身で愛犬との暮らしが充実していると聞くが、当然これまでに恋の噂がなかったわけではない。ミュージカルや舞台で共演したお相手、3名との関係を写真週刊誌や女性週刊誌で報じられている。

「ジャニーズの不文律とされていた〝結婚をするのは1グループ1人まで〟の法則をTOKIOの国分太一が2015年に破ると、翌年の2016年から3年連続でV6のメンバー3人が入籍を果たしました。そこまで続けば、年令的にも〝次は坂本くん〟の声が上がったのも自然な流れでしたね」

長年、TBSでV6の番組を担当している制作スタッフ氏は、「しかもなぜか坂本くんの場合、周囲から1日でも早く結婚することを望まれるんですよね」と言って笑う。

「あれから2年、坂本くんにはV6の解散が発表されても動きはなく、こうなると責任感の強いリーダーだけに〝V6のメンバーでいるうちは結婚しない〟見方が強まりました。ただし、解散直後に入籍してもおかしくないという意味ですが」（制作スタッフ氏）

先にお話しした通り、これまで坂本のお相手と噂されたのは、いずれも共演者。

それについて彼のファンは「現場でしか出会いがないの？」「もっと積極的に相手を探さなきゃダメ！」などと、小姑のように口を挟むのだとか。

本人にしてみれば応援してくれるのはありがたいが、単なるお節介としか言いようがないだろう（苦笑）。

『そうなんだよね。
普通、ファンのみんなは〝担当〟のスキャンダルや結婚を嫌がるはずなのにさ。
俺の場合はむしろ背中を押されるなんて。
〝アイドル坂本昌行〟としては、なかなか複雑な気分ですよ（笑）』

そんな坂本の現在のお相手は、2018年11月から12月にかけてのミュージカル『TOP HAT』で共演した元宝塚・雪組のトップスター〝朝海ひかる〟と言われている。

「過去、坂本くんの噂にはご丁寧に破局報道がセットになってきましたが、朝海さんとの関係については、いまだそれがありませんからね。現在も進行形と見ていいでしょう。しかし宝塚は基本的に在籍中は年令非公開で、退団してからも積極的に公開されることはないものの、彼女は坂本くんと〝同学年〟のようなので、結婚や入籍にこだわらない〝大人のカップル〟のスタイルを続けるのでは？……の情報もあります。そもそも坂本くんが結婚にこだわるタイプなら、朝海さんと出会う前に結婚していたのではないでしょうか」

これはあくまでも制作スタッフ氏の意見であることを強調させて頂きたい。

「実は坂本くんは、三宅くんに言わせると『うんと年下にモテている』そうです。もちろんそんなお相手がいるわけではありませんが、彼が50才を過ぎてもプレイボーイぶりを発揮するのか、ちょっと期待してみているんですよね」（同制作スタッフ氏）

三宅健によると坂本が〝うんと年下〟にもモテるのも——

『坂本くん、やっぱり〝苦労人〟だから。
そういうのは自ら出さずとも、自然に溢れ出ちゃう。
独り者の寂しさが〝渋さ〟として漂うんだよ』

これが一点目の理由。

そして――

『舞台で培った姿勢の良さと歌声、ジャジーなダンス。
器用そうに見えて、その裏では努力に努力を重ねている。
そんな姿を見てしまったら、きっと女性は弱いと思う』

『言葉ではなく態度や行動で示す男らしさと、繊細な心配りが同居している』

『普通のオジさんなら年々頑固になるところ、逆に年々柔軟になっているから驚く』

――三宅から、次から次に坂本の魅力が挙げられるそうだ。

『たまに「坂本は〝生涯独身宣言〟をしていて、
仕事や生活は〝アイドルである自分〟が基本になっている」——なんて言われるけど、
そんな風にはまったく考えてないんですよね（苦笑）。
そりゃあ誰か偉い人に注意されなくても、
「私生活でもファンを悲しませるような行動はしない」のは当たり前で、
恋愛に緩くなっている今のジャニーズはどうなのよ？……とは思いますけど、
それは俺自身の生き方であって、誰かに押しつけることでもない。
今年50才で結婚しなくても、60才の時に絶対に結婚していないとは誓えないし、
先のことはわからないよ。
ただ一つだけ言えるのは——
「自分の〝本分〟だけはしっかりと持ち続けなきゃいけない」——ってこと。
それがブレたら17才でジャニーズJr.になってから今までの〝全自分〟を裏切ることになるからね』

この言葉が何を意味するのか——。
それはこれから坂本自身が我々に、しっかりと見せてくれることだろう。

坂本昌行フレーズ

『一度でも諦めたら、次からは〝まあ、いいか〟が口癖になる。
だからどんな状況でも〝諦める〟〝妥協する〟選択肢は選ばずに来たし、
ハードルも段々と上げて踏ん張ってきた。
今までもこれからも、それが自分たちの誇り』

坂本昌行がリーダーとしてメンバーに求めるもの。それはV6が6人で集まった時のクオリティを落とさないこと。何よりもファンのために。それがV6の誇りでありV6が歩んできた道そのものなのだ。

『自分が22年リーダーをやってきて、
いろんな困難やトラブルに直面した時に心掛けているのは、
物事を複雑にしないことなんです。
解決するためには、絶対に大袈裟にしちゃいけない。
〝シンプル・イズ・ベスト!〟が解決への近道』

かつて坂本昌行が語った〝ザ・リーダー論〟。一つのグループを20年以上継続することの難しさは、奇しくもあの「SMAPが証明してくれた」と語る坂本昌行。困難やトラブルを簡潔にまとめることこそが、リーダーとして大切なのだ。

『失敗しても怒られてもいいから、とりあえず経験だけは増やして帰ってこいよ』

当時、ジャニーズに入ったばかりの岡田准一が、初めて1人での仕事に臨む朝に贈った坂本昌行からのエール。現在の自分があるのは、リーダー坂本の力によるところが大きいことは岡田自身が一番感じているだろう。

『世の中にはさ、〝待つ〟ことがやたらと得意な人っているよね。
順番でも何でも、〝待つことだけは人に負けません！〟みたいな。
それはそれで辛抱強くてカッコいいと思うけど、
でも本当は、待つことに慣れることがタレントとしては一番最悪なんだよ』

穏やかな口調ではあるが、しかし大切なことはシッカリと伝えてくれる坂本昌行。このセリフ、実は三宅健に贈った言葉。その頃の三宅は坂本の目に〝意欲もなければ危機感の欠片もない〟と映っていた。そんな三宅に気づきを与えたのは坂本の言葉だった。

『トニセンの原点は、やっぱり3人でやる舞台。
それぞれが個々の仕事で得た物をトニセンの舞台に持ち寄り、
小さくてもいいから結果を出す。
それは『東京サンダンス』から変わってないし、もっと言えばV6の前、
3人が『PLAYZONE』に出始めた頃から意識してきたこと』

坂本昌行が振り返るトニセンの〝原点〟。トニセン3人の意識は、原点である『PLAYZONE』から少しもブレてはいない。


『本当にさ、周年でお祝いされて注目されても、その年だけで終わっちゃダメなんだよ。

次の周年に向けて、この火を消さずにさらに燃やし続けること。

こんな単純明快な答えに、何で20年経たないと気づかないかね』

20周年で気づいた、坂本昌行のV6に対する強い想い。その坂本の想い、V6が灯す火は、26周年に向けて最後まで燃やし続ける――。

6th Chapter——

長野博

Hiroshi Nagano

ラストメッセージ

Last MUSIC FOR THE PEOPLE

『ウルトラマンティガ』の〝ダイゴ〟として――

V6がCDデビューした翌年の1996年、メンバー全員が――

『長野くんが〝あの作品〟に出てくれたおかげで、僕らの知名度が裾野のチビッ子たちにも広がった』

――と認めるのが、特撮ヒーロー作品『ウルトラマンティガ』だ。

今年は『ティガ』の初回放送から25周年、初代ウルトラマンからは55周年のメモリアルイヤー。それを記念してフィギュアが制作され、主人公のマドカ・ダイゴ役を演じた長野が、テレビCMとWeb動画に出演した。

1966年からオンエアがスタートした『ウルトラマン』シリーズ、『ウルトラマンティガ』は、3000万年の時を経て復活した超古代の光の巨人だ。

「去年『Mステ』に長野くんが出演した際、『来年はウルトラマン関連のイベントがあると思うので、早くコロナ禍に終息してもらいたいですね』――と話していて、その流れから当時の思い出話になったんです。すると長野くんは懐かしそうに『そうだな～』と考え込むと、『やっぱスーツかな』――と言い出したんです」〈テレビ朝日ディレクター氏〉

1年間続いた『ウルトラマンティガ』の撮影中、長野は衣裳で支給された3着のスーツの大きさを調整して着回したり、かなり苦労してやりくりしていたそうだ。


『それがぶっちゃけ臭かったりさ(笑)。

ジャニーズの衣裳って基本キラキラしてるのに、ヒーローを演じたほうが地味だなんて。

なかなか慣れなかったことを最初に思い出しますね。

それもまた素敵な経験でしたけど』〈長野博〉

だが『ウルトラマンティガ』25周年、『ウルトラマン』55周年の今年に入ると、長野の耳にチラホラと『ウルトラマン』シリーズへの〝不満〟が届くようになったという。

「実は3月から『ウルトラマン』シリーズ55周年を記念し、公式のサブスク動画配信が始まったんです。ところが長野くんが主役を務めた『ティガ』と、その他にも長野くんが出演した作品だけが〝サブスク対象外〟になっているんですよ。テレビ界には『ウルトラマン』世代やファンが多いので、みんな長野くんと顔を会わすたびに〝結局『ティガ』はやらないの?〟〝またジャニーズは昔に戻るんじゃない〟などと凸るワケです(苦笑)」(同テレビ朝日ディレクター氏)

『ティガは3000万年の時を経て復活した〝超古代の光の巨人〟じゃないですか。
そんなティガが周囲を照らし、明るくすることが出来ないのは寂しすぎる。
何をすればいいのか、今はノーアイデアだけど、
上手く道が開けるように考えなきゃ』〈長野博〉

ならばティガファンのためにも、V6ファンのためにも、ティガに代わって長野博自身が周囲を照らし、明るくして欲しい。

きっと長野なら、それが出来るはずだ——。

長野博に起きた〝ある事件〟

コロナ禍の時代に生活様式は様変わりし、ショッピングはAmazonなどのネット通販、食事はUber Eatsなどのデリバリーを利用することが、ごくごく当たり前の日常になっている。

Amazonが日本語サイトをオープンさせたのは2000年の11月1日。当初は〝ブックストア〟のみのスタートだったが、翌年2001年4月にNTT DoCoMo（当時）i-モードでアクセスサービスが始まり、顧客拡大のきっかけになった。

奇しくもV6の5周年当日の出来事だが、もちろんV6のメンバーもAmazonやECサイトのネットショッピングを積極的に利用している。

しかし新しいビジネスモデルが次々と登場する中、だいたいの場合において〝年長者〟が取り残されたり、上手く使いこなせないパターンが〝あるある〟なのだ。

「使いこなせないというか、使えるんだけど失敗する……みたいな。しかも先に坂本くんが『詐欺じゃないか！』と大騒ぎしていたのに今度は長野くんまで……と、キッチリ年長メンバーがリプレイを見るかのようにトラブルに巻き込まれてますからね」

話してくれたのは、長野のレギュラー番組『晴れ、ときどきファーム！』元制作スタッフ氏だ。

「ファンの皆さんはご存知かもしれませんが、今から5~6年前、まずは坂本くんが『ネットショッピングで騙された！』――と大騒ぎしたことがありました」（元制作スタッフ氏）

ネットショッピングでお気に入りの食器を見つけ、注文した坂本昌行。

ところが荷物が届いて開けてみると、一部の商品が入っていないことに気づく。すでに代金は振り込んでいるため問い合わせのメールを送ってみると、商品が欠品しているとの返信が。そこで改めてチェックしようとホームページを開くと閉鎖された後で、電話も不通になっていたという。

「誰でも小口の詐欺を疑うケースで、坂本くんはその顛末をトニセンのラジオでぶちまけた。するとオンエアの2日後、届かなかった商品の代金が返金されたのです」（同元制作スタッフ氏）

坂本は長野と井ノ原に報告し、「詐欺ではなかった」とリスナーに謝罪。

ある意味、笑い話で済んだのだが……。

「身近な人がネット詐欺に遭うと〝自分も気をつけよう〟と思うものですが、この時は〝坂本くんの早とちり〟のようなオチがついてしまったため、長野くんもネットショッピングに対する警戒感が薄れたのでしょう。それに日常、Ａｍａｚｏｎを利用して商品未着などで騙されることはほとんどありませんからね。怪しいフィッシング詐欺のメールはさておき……」（同氏）

長野が被害に遭ったのは、注文していない商品が届く、いわゆる〝送り付け詐欺〟のようだ。

「昨年の春、ネットショップで代金引換のバッグを注文したところ、注文から1ヶ月ほどで自宅に配送されたそうです。するとまた1ヶ月後、いくつかの商品と共に同じバッグが届いたといいます。長野くんは同じ物を2つ揃える性格ではないので、すぐにネットショップに電話。しかし呼び出し音が永遠に鳴るだけで、掲載されていたメールアドレスにメールしてもなしのつぶて。結局、2つ目のバッグはクローゼットに保管したままだそうです」（同氏）

〝代金引換の送り付け詐欺〟のことなど頭になかった長野は、むしろ「カード情報を入力するほうが怖い」と、ネットショップでの注文は代金引換があれば指定していたという。

だが用心している〝つもり〟を突くのが詐欺の手口。さらにバッグの値段が数万円で、ギリギリで諦めがつきそうな値段に設定されているところもミソだ。

長野は——

『前に坂本くんが〝詐欺に遭った〟って騒いだ時、笑っていたからバチが当たったのかな。もう完全に〝自分だけは騙されない〟って、逆に心に隙があったんだと思う。これは一つの社会勉強として、とりあえずネットショップでの支払い方法とか考え直すよ』

——と話していたという。

「逆上して〝2度とネットショップは使わない！〟と言わないあたりは、長野くんの性格が〝性善説〟だからかもしれませんね」（前出元制作スタッフ氏）

坂本昌行、長野博と来れば、順番では次は井ノ原快彦になるのだが……果たして？

〝グルメタレント〟長野博が築き上げたポジション

長野博がレギュラー出演しているグルメ情報番組『水野真紀の魔法のレストラン』（MBS系）。

番組自体は2001年4月からスタートし、この4月でめでたく20周年を迎えた長者番組だ。

長野は2012年10月、渡辺徹からバトンを受ける形でサブパーソナリティを務め、メインの水野真紀を支える〝味王〟のポジションで番組に花を添えている。残念ながら不定期ネットを含めても東京ではオンエアされていないが、関西地方の有力スポンサーでもある大阪ガスがメイン提供のゴールデン（タイムの）番組ということもあり、出演者やゲストは関西ローカルとは思えないほど全国区のタレントを呼んでいる。また関ジャニ∞を筆頭に、関西ジャニーズのメンバーもよく呼ばれている。

現在、同番組以外にもNHK BSプレミアム『晴れ、ときどきファーム！』、テレビ東京『よじごじDays』のレギュラーを単独で持っている長野は、不定期レギュラーのテレビ東京系 土曜スペシャル『長野クンとさかなクン港はしご旅』シリーズを含め、「良いバランスでグルメタレントの地位を着々と築いている」と評判だ。

「『魔法のレストラン』はサブながら〝味王〟というご意見番的なポジションを。そして『晴れ、ときどきファーム!』では素材の魅力をタップリと紹介する側に。『よじごじDays』は生放送の情報番組で、旬のグルメ情報を発信。そしてさかなクンとのスペシャルでは、旅ロケタレントとしてのポテンシャルを見せつける。単発で呼ばれるグルメ番組を含めると、ありとあらゆるアプローチでグルメに関する情報を発信しています。グルメ芸人のような大袈裟なリアクションを取らないので目立ちませんが、V6が解散する前に確固たるポジションをテレビ界に築くことが出来た。もし失礼な言い方に聞こえたら、ファンの皆さんには申し訳ありませんが」(売れっ子放送作家)

さすがに何本もの人気番組を担当する売れっ子放送作家だけあって、番組制作者の視点から見た、ケチのつけようがない分析だ。

「確かに関西のテレビ界でも、長野くんは〝信用することが出来るグルメタレント〟の位置付けにいます。彼が出版したグルメ本の売り上げも、ジャニーズ事務所の関係者から〝関西は好調〟と聞いていますしね。それに長野くんの貢献度が高いからこそ、ウチも定期的にジャニーズのタレントさんをブッキングしているんですよ」

『水野真紀の魔法のレストラン』関係者氏は、長野のフットワークの軽さを「噂には聞いていたけど、実際にこの目で見て驚かされた」と話を続ける。

「数年前、たまたま長野くんが持っていたスケジュール帳が目に入ったら、そこには分単位での移動方法と飲食店の名前がビッシリと時系列で書き込んであったんです。聞くと『明日は大阪で1日オフを取ったから、行きたい店を回りたい』――って言うんですよ。でも移動は地下鉄やJRで、飲食店も、たとえばランチタイムに3軒回るようなスケジュール。〝電車なんか使って大丈夫なの!?〟と尋ねると、『タクシーのように時間が見えない交通手段で移動していたら、車内でイライラしてご飯も美味しくなくなるから』――と笑うんです。ニヤニヤしながらスケジュールを書き込む長野くんの姿は〝本当に食が好きなんだなあ〟と感心させられました」

そう言ってエピソードを教えてくれた『水野真紀の魔法のレストラン』関係者氏。

「そんな長野くんは水野（真紀）さんとの相性も良く、二人揃って穏やかな空気感をまとってますが、昨年、ほんの一瞬だけ険悪な空気が流れたことがあったんですよ。もちろん長野くんは冗談めかしてツッコんでましたが、スタッフの間では〝ひょっとしてガチにムッとしていたのでは?〟と見る者も半数ぐらいいましたね（苦笑）」（同関係者氏）

それは昨年の夏、ゲストにTOKIOの城島茂を迎え、ロケVTRに関西ジャニーズJr.の正門良規と福本大晴（以上『Aぇ! group』）、そして同じく関西ジャニーズJr.の角紳太郎が登場した回での出来事だった。

「ジャニーズのタレントさんが多く出演した回で、水野さんの気持ちが高揚したせいかもしれません。彼女は自らトークの合間にSexy ZoneやKing&Princeの名前を出し、数ヶ月前にゲスト出演した『Sexy Zoneのマリウス葉くんがきっかけで、ジャニーズの魅力に取りつかれた』とカミングアウトしたのです」（同氏）

さらにはステイホーム期間中はパソコンでジャニーズの動画漬けになり、ブログでも〝ハートを射抜かれてしまう〟〝オバチャンには刺激が強すぎましたわ〟と、完全にどハマりした様子を上げていたのだ。

「すると長野くんから『マリウスくんにハマりましたよね？　僕もう7年以上、一緒にいるんだけど』――と、意外なジャニーズアピールが飛び出し、水野さんはあたふたと言い訳を。動画などは〝見る美容液〟と語り、どんな美容液を使うよりも〝お肌にいい〟と訴えたのです。ところがそれが逆効果で、レギュラー陣から『長野くんは7年いるんですよ？　長野くんは何液やったんですか？　下地やったんですか？』――と、さらにツッコまれてしまったのです」（同氏）

それでもめげずに「動画ならではのカメラ目線が胸キュンポイント」とまくし立てる水野に「7年間、長野くんとは（カメラを通さずに）直に目が合ってました」と、追い込むようなツッコミが。

そして長野は、どちらかといえば諦め気味に——

『僕いるの、気づいてました?』

——と、ダメ押しをしたのだった。

もちろん、番組を盛り上げるためのトークとはいえ、長野のセリフは半分本心だったのかも⁉

それはさておき、〝グルメタレント〟としての揺るぎないポジションを着実に築き上げている長野博。

V6解散後は、今まで以上に〝食の世界〟にどっぷりとハマっていくのかもしれない。

〝V6解散へのカウントダウン〟——長野博が向かう先

『これだけはハッキリ言っておきたいんだけど、
健に対するライバル意識が〝なかった〟と言えば……ウソになる(笑)。
ウマいところに入り込んだよな、アイツ。
普通にいつもの健を見せるだけでいいんだから』〈長野博〉

舞台は少々遡る2013年7月4日——。
その夜、フジテレビ系『アウト×デラックス』のスタジオセットにドアを開けて登場したのは、
紛れもなくV6・三宅健の姿だった。

「今でこそA.B.C-Z・塚田僚一くんが〝アウト軍団〟の一員としてレギュラー出演し、Snow Man・佐久間大介くんが倒錯寸前のアニメ愛を披露して市民権を得た『アウト×デラックス』ですが、すべての始まりはその日、〝小学生のようなジャニーズ〟の括りでアウトぶりを全開させた三宅健くんのおかげ。失礼ながら完全なる〝イロモノ番組〟の『アウト×デラックス』に、ジャニーズから初めての出演者になってくれたからです。これまでに3回ほど同番組に出演している三宅くんですが、出来ればV6解散前にもう一度、あのアウト人間ぶりを晒して欲しいものです」〈売れっ子放送作家氏〉

冒頭のセリフは、まさに三宅が『アウト×デラックス』初出演を果たした直後の長野博。

三宅の活躍と〝ジャニーズ初〟の称号に刺激されたのか、長野はもうワンランク上の難易度に挑戦した。

それが三宅の『アウト×デラックス』から3ヶ月後、テレビ朝日の名物トークバラエティ『アメトーーク!』だった。

「長野くん初登場は地元神奈川県での活動経験を活かした『ボーイスカウト芸人』(2013年10月31日放送)でした。それ以降はいかにもグルメを活かした『明太子芸人(2015年2月12日放送)』『にんにく芸人(2016年1月7日放送)』『大根ありがとう芸人(2017年1月19日放送)』『ちくわ大好き芸人(2018年3月8日放送)』と、これまでに合計5回も出演。『アメトーーク!』には準レギュラーのような芸人さんが山ほどいるので、その中でアイドルの長野くんが5回も出演しているのは異例です」(同売れっ子放送作家氏)

同じ〝ジャニーズ初〟でもキャラクターありきの『アウト×デラックス』とは違い、『アメトーーク!』の出演者に要求されるのはトーク力とリアクション力はもちろんのこと、専門家も舌を巻くマニアックな知識、それを面白おかしく披露するアレンジ力だ。

ちなみに長野以外のV6メンバーの出演はないが、中居正広が『ひとり暮らし長~い芸人』、Kis-My-Ft2の宮田俊哉が『昭和軍VS平成軍 アニソン対決』の回に出演している。

『『アメトーーク！』は売れっ子芸人さんが集まるトークテーマのプレゼン大会があって、採用された芸人さんはその回に最優先で出演する。基本、その他の出演者は番組からのオファーで決まるそうで、あの有名プロデューサー・加地（倫三）さんの頭の中には、だいたいの芸人さんが〝何が出来るか〟のイメージが詰まってるらしいよ。1回出演して加地さんと雑談する間に、いろんな情報が吸い取られてるみたい。俺も出た時、もっと加地さんと雑談すればよかった。そうすればグルメ以外、たとえば車とか、声がかかるチャンスが増えるもん』

そう言って残念がる長野だが、5回目の出演となった『ちくわ大好き芸人』でも、キッチリと結果を残していた。

「出演者それぞれがオススメのちくわ商品を紹介していく中、長野くんは北海道にある〝ちくわパン〟を紹介して周囲を驚かせました。地元では有名なパン屋で〝ちくわパン〟も人気とのことですが、いきなり東京から関東や東北を飛び越えて北海道にたどり着くなんて。視聴者からも長野くんの知識量に驚く投稿がSNSに溢れました」（同氏）

中には「北海道は遠すぎて、そんな情報を知っても意味がない」と文句を言う投稿もあったようだが、しかし長野がすかさず『世田谷には日替わりメニューの一つとして〝ちくわパン〟を出すパン屋がある』と言うと、コッソリとアンチ投稿が削除されていたらしい。

「また続けて簡単に出来るちくわ料理として、長野くんは〝アボカド&コンビーフonちくわ揚げ〟と名付けたオリジナルメニューを調理。スタジオには〝旨い！〟〝美味しい！〟の声が飛び交い、5回目の出演でも期待以上の結果を出してくれました」（同氏）

しかしその後、『アメトーーク！』は2019年にMCの宮迫博之が降板、2020年に長野と〝グルメ2トップ〟を張るアンジャッシュ・渡部建が謹慎するなど、長野にとっても〝グルメ系のテーマが減る〟という、思わぬ影響が降りかかってしまう。

『いや、それは俺がもっと自分のアピールをしておけば、別の企画で声がかかったかもしれないし。
本気で〝健に負けないように頑張る〟なら、もっと必死にならなきゃいけなかっただけのこと。
どこかで自分自身満足していたというか、
「5回も呼んでもらえて気が緩んでいたんだろう」――って、
いい意味で反省材料になったよ。
グループの解散へのカウントダウンが始まり、
今はどうしてもレギュラー番組を〝ずっと続くように頑張りたい〟気持ちが強くて、
守りに入っていたのかもしれない。
それって正しいように思えても、その場に停滞してるだけなんだよね』〈長野博〉

その言葉を聞けば安心だ。
大丈夫、自覚している人間が一番強いのだから。
V6が解散しても、長野博は決してその場に停滞することはない。
新たな企画に積極的に挑む〝攻めの姿勢〟を見せてくれることだろう――。

長野博フレーズ

『美味しいご飯を食べたら幸せになれるし、
それを人に紹介したら幸せの輪が大きく広がっていく。
単純にそれが年がら年中食べ歩く理由であり、本音ですね』

今や〝グルメタレント〟としての地位を築いた長野博が語った意外な本音。
〝幸せの輪が大きく広がっていく喜び〟――それが長野の〝原点〟なのだ。

『一番印象に残っているのは、
俺がある仕事に「少し苦戦しているんですよ〜」って冗談めかして話した時、
ひたすら美しい笑顔で「大丈夫よ。そうやって自分に出来ないことを見つけたら、
逆に自分に出来ることも見つかるんだから」――と言われたことですね』

長野博が「話すと得することばかり」と絶賛するのが、番組で共演中の女優・水野真紀。長野が舌を巻くほどのグルメでもあるという水野との共演で、長野が得るものは大きい。そんな水野から学んだ〝人生訓〟。

『V6は6人いるわけで、それぞれがそれぞれの得意科目で頑張ればいいんです。
そうすることでお互い、いつまでも関心を持てるから。
リーダーは坂本くんにしか出来ないし、甘えん坊のマスコット役は健にしか出来ない。
僕はそうだな、狙ってるのは〝ご意見番〟かな』

V6がグループとして輝き続けてきた秘訣を、見事に解き明かした長野博。
それはメンバー同士がそれぞれの得意分野で活躍し、そしてお互いに関心を持つことだった。

『素のままで街に放り出せないぐらい心配なタイプだけど、
なぜか良い人とばかり出会って、トラブルに巻き込まれない。
見ていて羨ましいほど、天才的な〝引き〟を持ってますね』

長野博が語る、三宅健の天性の才能。それは三宅が引き寄せる〝人と人との出会い〟の才能。

『これからのV6の理想は、自分のすべきこと、自分以外の誰かがすべきこと、その役割分担を明確につけるプロフェッショナル集団になること』

これはかつて長野博が語っていた〝理想のV6〟のあるべき姿。解散を目前にしたV6は、長野が思い描いていた〝プロフェッショナル集団〟に限りなく近い形へと進化した。

『年を取れば取るほど、トニセンの3人の活躍が楽しみで仕方がないんですよ。少しは嫉妬したり、ライバル心を高ぶらさなきゃいけないのにね』

まさに長野博の性格、いや人徳ぶりを表すセリフ。同時に坂本と井ノ原の2人も、長野の活躍を楽しみにしているのだ。長野が楽しみにするトニセンの3人の活躍はこれから先も続いていく。

7th Chapter——

井ノ原快彦

Yoshihiko Inohara

ラストメッセージ

Last MUSIC FOR THE PEOPLE

トニセンに共通する〝コンプレックス〟を植えつけた後輩

坂本昌行、長野博、井ノ原快彦――トニセンの3人には、共通する〝コンプレックスを植えつけられた〟後輩がいる。

それが堂本光一と堂本剛、KinKi Kidsの2人だ。

「コンプレックスはやや言いすぎかもしれませんが（苦笑）、Jr.時代やV6結成当初を通し、何かと〝目の上のタンコブ〟的な存在だったのは間違いないようですね。ただしKinKi Kidsはトニセンの3人をずっと慕っていますし、3人はKinKiを可愛がっています」

話してくれたのは井ノ原とはプライベートでも交流がある、同世代の放送作家氏だ。

「たとえば坂本くんは、ジャニーズJr.から離れてサラリーマンをやっていた頃、偶然電車の中でＫｉｎＫｉ Ｋｉｄｓに声をかけられ、自分との違いを実感させられたこと。長野くんは『金八』や『ウルトラマンティガ』に出演して〝役者でやっていける〟自信を持ちかけたところで、一瞬にしてＫｉｎＫｉ Ｋｉｄｓに抜き去られた辛い思い出があること。井ノ原くんはジャニーさんから頭ごなしにコンサートのＭＣを否定され、それどころか後輩のＫｉｎＫｉ Ｋｉｄｓと比較してけなされたこと――それぞれがＫｉｎＫｉ Ｋｉｄｓの才能に嫉妬し、打ちひしがれた時期があったのです」(放送作家氏)

またグループとしても、Ｖ6はＫｉｎＫｉ Ｋｉｄｓとの〝格差〟をいまだに見せつけられている。

「ジャニーズ事務所の公式ホームページや携帯サイトでは、所属アーティストの序列が一目でわかるように紹介ページが並んでいます。サイトが立ち上がった時から2016年までは序列1位がＳＭＡＰ、そして2017年から現在まではジャニーズ事務所の本体からは離れたものの、系列事務所〝株式会社ＴＯＫＩＯ〟として新たなスタートを切ったＴＯＫＩＯ。この2組は他のグループよりもキャリアが長いので、当然と言えば当然です」(同放送作家氏)

問題はそこから。

デビュー順でいえば1994年のTOKIOに続くのは、1995年のV6、そして1997年のKinKi Kids、1999年の嵐と並ぶはず。

しかし実際にはTOKIOの後はKinKi Kids、V6、嵐の順で序列がついているのだ。

「〝KinKi Kids〟の名前がついたのは1993年、V6はデビューに合わせて集められたので1995年。つまりデビューはしても、そのユニットが結成された順なのでしょう。実際に彼ら以降の序列を見ても、2006年デビューのKAT-TUNが2003年デビューのNEWS、2004年デビューの関ジャニ∞よりも上になっているのは、KAT-TUNの結成が2001年だから。しかしそれでいうと2002年結成の関ジャニ∞が2003年結成のNEWSよりも下なのはおかしいし、最近デビューのグループでもKing & Prince、SixTONES、Snow Manの序列も合わない。かなりテキトーです」（同氏）

通常、音楽界はCDデビュー順に先輩後輩を判断するので、そこに寄せたほうがスッキリするだけの話。ここはあまり気にしないでおこう（苦笑）。

『俺は本当、ジャニーさんにはずっと〝苦言漬け〟されてきたメンバーだけど、

「顔が普通」だとか「歌が下手」だとか言われても、個人のポテンシャルを攻撃されることは、

〝ハッパをかけられた〟とポジティブに受け止めていたんです。

でもV6でデビューして2年目とか3年目のあたり、

「ライブのMCがつまんない」――ってガチで責められて、

それまではSMAPやTOKIOを例に挙げて怒られていたんですけど、

いきなり――

「KinKi Kidsは面白い」

「おまえらは6人もいるのに、何でそんなにつまんないの？

KinKi Kidsに教えてもらえ」

――とか言われて、さすがに後輩の足元にも及ばない的な言われ方は、

悔しくて悔しくて堪らなかったですね』〈井ノ原快彦〉

テレビで見るKinKi Kidsは確かに面白く、井ノ原も会うたびに『2人は芸人でもイケるよな』

と絶賛していたほどで、ジャニーさんに言い返せない自分も恥ずかしかった。

しかし――

『そのひと言をきっかけに、徹底的にMCを盛り上げる方法を考えたんです。

メンバーの中には――

「パフォーマンスを磨けばいい」

「ファンがライブに求めるのは俺たちの歌や踊り」

――と主張するメンバーもいたから、そこの説得から始めて。

2年ぐらい後かな?

ジャニーさんに「MC良くなった」――と言われた時は、
心の中でガッツポーズですよ』

――と、今は感謝の気持ちしかないと明かす。

『長野くんは『ティガ』の後、ＫｉｎＫｉがそれぞれドラマの主役をやり始めて、
一気に売れっ子俳優になった時には格差を見せつけられて、
だったら「(仕事は) 何でもやってやろう」と奮起してグルメの道を見つけた。
坂本くんはサラリーマン時代に電車の中でＫｉｎＫｉに会って、
「坂本くん、今何やってるんですか?」と聞かれても何も答えられなくて、
その恥ずかしさや悔しさ、情けなさをバネにジャニーズに戻ってきてくれた。
俺ら3人とも、一度はＫｉｎＫｉに叩きのめされたというか、
でもその経験があって〝今の自分とＶ６〟があるんですよ』〈井ノ原快彦〉

井ノ原の話に『ウサギとカメ』『アリとキリギリス』を連想した人もいるだろう。
だがＫｉｎＫｉ Ｋｉｄｓが怠け者のウサギやキリギリスではなかったからこそ、Ｖ６はそれを追い越す〝スーパーなカメとアリ〟に成長することが出来たのだ。

主役として『特捜9』に懸ける特別な想い

井ノ原快彦が主人公の浅輪直樹を演じる『特捜9』も、今年で〝season4〟に突入した。『特捜9』は、2018年4月クールに『相棒』でお馴染みのテレビ朝日「水曜夜9時枠」でスタート。以降、4本とも同時期同時間帯で放送されている。

ご存知の通り2006年から2017年に放送された『警視庁捜査一課9係』シリーズの続編で、あまり知られてはいないが、実は井ノ原は『警視庁捜査一課9係』season2からの主役。season1は係長役を演じた渡瀬恒彦さんが主役だった。

『特捜9』が始まったのは、渡瀬恒彦さんが『警視庁捜査一課9係』season12の撮影中にお亡くなりになったからで、タイトルを変えてシリーズを継続させる話を、井ノ原はギリギリまで固辞していたという。

「渡瀬さんがお亡くなりになったのは、season12の放送を控えた2017年の3月でした。出演者全員が大変なショックを受け、そのショックが癒えないままseason12を完走。尊敬する係長であり、また直樹の義父でもある加納倫太郎係長が物語から姿を消すわけで、『このままシリーズを続けてもいいのか』……は、主役だからこそ向き合わねばならない大きな課題でした」(テレビ朝日関係者)

それでも通算でいえば16シーズン、16年も共に戦ってきた仲間だ。結束力はますます強くなったと井ノ原は語る。

『『特捜9』だけ取っても、チームワークはますます安定感を増していますね。
昨日今日出会った人たちでは決して作れない現場の〝匂い〟は、
僕らが共に歩んできた時間あってこそのものだと自負してます。
『特捜9』から加わってくれている山田裕貴くんは、
特捜班の中で一番年下なのに一番のしっかり者。
助けてもらうところは遠慮なく助けてもらっています』〈井ノ原快彦〉

アイドルとしての井ノ原快彦を育ててくれたのがジャニー喜多川氏ならば、俳優としての井ノ原快彦を育ててくれたのは渡瀬恒彦氏。

共に鬼籍に入り、もう教えを乞うことは出来ない。

だがその精神を次代へと受け渡すことは出来る。

その相手が新藤亮を演じる山田裕貴であり、鑑識課員の佐久間朗を演じる、ジャニーズJr.・Ｔｒａｖｉｓ Ｊａｐａｎリーダーの宮近海斗だ。

『宮近くんはｓｅａｓｏｎ2からの参加で、最初はガチガチで大変でした。
まあ13年も続いていたシリーズにいきなりポンと入るわけだから、
緊張しないほうがおかしいですけどね。
でも僕にとっても主役としてJr.の後輩に背中を見せる連ドラは初めてで、
ましてやそれが自分の代表作でもあるシリーズ。
彼に何を伝えなければならないのか――それは自分でも理解して肝に銘じています』〈井ノ原快彦〉

宮近が演じる佐久間朗はかつての9係時代から関わりがあった伝説の鑑識、猪狩哲治（伊東四朗）の教えを受けた鑑識のホープで、スタッフは彼のためにこの役を設定したという。

そして「井ノ原さんや9係の皆さんはもちろん伊東四朗さんや原沙知絵さん（関東監察医務院監察医 早瀬川真澄）、先輩方の立ち居振舞いからお芝居のアプローチまで、一瞬たりとも見逃さないつもりで臨んでます」と言う宮近も、井ノ原の期待に応えてくれるに違いない。

『これは毎回のことですけど、前回のseasonから次のクランクインまで1年近く空くので、積もる話がめちゃめちゃ溜まりまくってるんですよ（笑）。
だからまず特捜班メンバーとは、新作のクランクイン直後から撮影の合間に隙を狙って、会わなかった1年間に何があったのか、報告会を開いています。
去年からコロナ禍の撮影を強いられる中、
本当は合間にメンバー同士で固まるのもいけないとは思うんですけど、
僕らよりもスタッフさんのほうが「メンバーにはそういうコミュニケーションの時間が必要だ」
――と仰ってくれて、ソーシャルディスタンスと換気の保たれたエリアを作ってくれています。
もちろん僕らも気を緩めることなく、その中で』〈井ノ原快彦〉

すでにｓｅａｓｏｎ４の放送も後半、あるいは本書を手にされたタイミングによっては最終回まで終了しているかもしれないが、井ノ原は——

『今回のｓｅａｓｏｎは第1話から最終回まで繋がるストーリーが展開するので、これまでにないほどたくさんの伏線が張られ、それがどう回収されていくのかを楽しんで頂きたいですね。番組も進化しながらｓｅａｓｏｎ４から5に向かいたい。……あっ、別に〝ｓｅａｓｏｎ５〟の制作が決定したわけではないんですけど』

——と力強く語る。

テレビ朝日のゴールデンタイムの連ドラは『相棒』『科捜研の女』を筆頭に人気シリーズが多く、さらに『警視庁捜査一課9係』時代を含めると3番目の長寿シリーズ。不測の事態が起こらない限り、『特捜9』ｓｅａｓｏｎ5の制作は決まっているも同然だろう。

『刑事ドラマだけに殺人事件を背景にした人間の悲しく切ない一面も描かれますが、
僕ら特捜班が爽快かつ必死に走り回って事件を解決していく姿をお見せすることで、
視聴者の皆さんに「明日も頑張ろう！」というパワーを受け取って頂けると信じて頑張ってます。
V6は解散しますけど、9係は二度と解散させたくない。
そのあたりはプロデューサーさんと脚本家の先生次第のところはありますけど』〈井ノ原快彦〉

『特捜9』season4は、今年の4月クールの連ドラで間違いなく上位フィニッシュを果たすだろう。

その視聴者の支持こそが、井ノ原快彦が語ったセリフの答え合わせになっているのだ。

井ノ原快彦にとっての〝真の親友〟

井ノ原快彦と松岡昌宏といえば、お互いがジャニーズ事務所に入所以来、30年以上に渡る親友として知られている。

「入所したのは井ノ原くんが1988年、松岡くんが1989年と井ノ原くんのほうが先輩ですが、共に1976年組の同学年。ちなみに1987年に入所した元SMAPの香取慎吾くんも同学年で、SMAPがデビューするまではトリオのように仲が良かったと聞いています」（フジテレビ関係者）

そんな井ノ原と松岡の関係の中で、今でも井ノ原が松岡をからかう材料に使っているのが、松岡の〝キザ〟なエピソードだという。

「かつて『TOKIOカケル』（フジテレビ）でも明かしていましたが、松岡くんはJr.に入所した中学1年生の頃から〝やたらと大人ぶっていた〟そうで、しかもそこに妄想癖が加わる〝イタい少年〟だったというのです」

明かしてくれたのは、井ノ原快彦とはプライベートで飲みにいく仲だという人気放送作家氏だ。

「僕が一番笑ったのは、かつて高熱でうなされる井ノ原くんの傍らで、お見舞いに来たのかと思いきや淡々と絵を描いていた松岡くんのエピソードですね」（人気放送作家氏）

当時40度近い高熱で寝込んでいた井ノ原の自宅に、勝手に遊びにきたという松岡。

井ノ原としては『一刻も早く帰って欲しかった。帰らないならアイスクリームの一つでも差し入れして欲しかった』状況の中、何を思ったのか井ノ原のスケッチブックに絵を描き始めた松岡少年。

すると意識が朦朧としている井ノ原に——

『この絵は〝お互いに好きなんだけど、好きと言えない同級生の男と女が、大人になったある日にバーでバッタリ出会い、その時に飲むカクテル〟がテーマ』

——と、悦に入って語り始めたそうだ。

「当時中2の松岡くんは、井ノ原くんに言わせると『いつも〝年上のJr.に舐められたくない〟のがミエミエで、やたらとカッコつけてキザなセリフを喋っていた。好きと言えない同級生がどんなカクテルを飲むとか、高熱でしんどい病人に刺さるわけないじゃん（爆）』――だそうです（笑）。でもそうやって松岡くんの昔話をする時の井ノ原くんは、心から楽しそうに笑い転げているんです」（同人気放送作家氏）

なぜだかちょっと、羨ましいエピソードではないか。

「さらに井ノ原くんのお得意の話が、『松岡はリチャード・クレイダーマンと夜景で泣く』――です。2人が中学生の頃はちょうどリチャード・クレイダーマンが流行っていたので、井ノ原くんに言わせると『流行りをキッチリ押さえておきたいのが、中学時代の松岡昌宏』――だそうです」（同氏）

リチャード・クレイダーマンとはフランスのピアニストで、現在も活躍中の人物だ。奇しくも井ノ原が生まれた1976年にレコードデビューし、1978年に日本デビューを飾ると、2年後の1980年には日本でのファーストコンサート。コロナ禍以前は毎年のように日本でコンサートを行っている。

「ピアニストだけにオリジナル曲がCMに採用されることが多く、特に化粧品のCMで人気を博しました。松岡くんはJr.時代、リチャード・クレイダーマンの曲を流しながら夜景を見つめ、『井ノ原、俺泣けてきたわ』——と言いながら自分の世界に没入。そしてしばらくすると『泣けた！ 俺、リチャード・クレイダーマンと夜景で泣けた‼』——と、めちゃめちゃドヤってきたのだとか」(同氏)

井ノ原に言わせると——

『頑張って泣いて——

「リチャード・クレイダーマンと夜景で泣いた俺、カッケーじゃん！」

——アピール以外の何物でもない。

本当は女の子の前でそれをやってキュンキュンさせたかったんじゃない？

でも俺ら、そんな相手なんて全然いなかったし』

——らしい。

『俺が結婚して、さらにV6とTOKIOがおかげさまで忙しくなった頃、松岡が「あまり誘えなくなるから」って、ご馳走してくれるって言い出したんですよ。その気持ちは嬉しかったんだけど、今やってるアイツの番組みたいに1軒目から2軒目、3軒目、4軒目……ってなって、「最後は俺んちでシメようぜ」って自宅に引っ張っていかれたんです。

そうしたらリビングから夜景を見ながら――

「俺とおまえもつき合い長いよな。やべえ泣けてくるわ」

――とか言い出して。

「マジ？この夜景、毎日見てるんじゃないの!?

リチャード・クレイダーマンはかかってないんですけど！」

……みたいなさ（笑）』〈井ノ原快彦〉

つき合いが長ければ長いほど、時にはケンカをしたこともあっただろう。

だが30数年の思い出を、こうして笑えるエピソードとして披露出来る関係。

それを真の『親友』と呼ぶのだ。

井ノ原快彦、そしてV6メンバーが見つめる〝解散の向こう側〟

「井ノ原くんは『何がありがたいって、俺たちには〝自分の言葉でファンやリスナーに伝えられる場がある〟ってことですね』――と、しみじみと語っていました。確かにそれはその通りだと思いますし、あの番組はJFN系列なので、FM放送とはいえ多くの方が地元のネット局で聞けますし、今はラジオアプリで一定期間ならタイムフリーで聞けますからね」

井ノ原快彦とは一緒に仕事をする機会が多いベテラン放送作家氏は、東京に3回目の緊急事態宣言が発令される数日前、偶然にも某民放キー局のスタジオで話をすることが出来たという。

「話といってもマスクをしたままの立ち話で、ほんの5~6分ぐらいでしたけどね。それでも解散が発表された後で、彼から直接報告を受けることが出来ました」(ベテラン放送作家氏)

放送作家氏が心配して尋ねたかったのは、コロナ禍での発表になったとはいえ、ファンクラブ会員へのお知らせやマスコミ発表のような〝文章〟ではなく、メンバーそれぞれの〝肉声〟として伝えられるような場、オンラインでも構わないから会見を開くべきでは?……という意見についてだった。

「コロナ禍だけを理由にはしたくないそうですが、基本的にメンバー全員が揃って会見をするのであれば、それはまずファンの皆さんに対して開くべきで、井ノ原くん自身は『生でライブをやりたい気持ちが強い。でもそれにはコロナが邪魔をする』――と、ジレンマを隠しきれない様子でした」

(同ベテラン放送作家氏)

20th Centuryとしてレギュラーのラジオ番組『V6 Next Generation』を持っているので、リアルタイムの双方向ではないにせよ、リスナーの気持ちを受け止め、それに対する自分たちの正直な想いを明かすことが出来たという井ノ原。

それが冒頭のベテラン放送作家氏のセリフにある井ノ原の言葉――

『何がありがたいって、
俺たちには〝自分の言葉でファンやリスナーに伝えられる場がある〟ってことですね』

――だ。

「とにかく心配するハガキ、封書が多かったそうです。そしてファンやリスナーの皆さんは、25年も活動を続けてきた感謝、ラジオを通じて様々なエピソードを発信した感謝などを伝えてくれたそうです。しかし心配がすぎるというか、〝苦しんだり悩んだりしているメンバーの気持ちを思うと自分も辛い〟といったように、メンバーの想いを投影する内容のハガキも多く、そんなハガキに対し、自分たちの答えを返せることがありがたかったということでしょう」(同氏)

結局、井ノ原とはそこまでの会話しか出来なかったそうだが、その顔は〝すでに解散の向こう側を見ている〟ようで、放送作家氏自身は「安心した」そうだ。

「ただ彼が『ファンの皆さんは〝解散〟って聞いて悲しかったろうし、そんな中で俺たちのことを気遣ってくれる内容の手紙ばかりだったりしたから、むしろ俺たちのほうが感謝を伝えなきゃいけませんね』――と言う姿には、やっぱりどこか〝納得しきれていない〟ニュアンスも感じました。もちろん僕の勘違いかもしれませんが、井ノ原くんは井ノ原くんで、その消化しきれていない気持ちと折り合いをつけながらやっていく決意は固めているでしょうけど」(同氏)

ちなみにリーダーの坂本昌行は、番組に寄せられたファンの手紙について――

『こんな風に考えさせたことは可哀想なことをしたなと思うけども、
文章を発表する際に6人でどういう言葉で伝えればいいか、時間をかけて考えた末の内容』

――とし、さらに井ノ原が、

『メンバーがあれだけ話したら、改めて発表の文章を打ち合わせる必要はないし、
それが実際の言葉になって出てきたもの。

解散を決めるまで「無理していた」とか「苦しかった」とか皆さんが想像する気持ちもわかるけど、

〝後ろ向き〟とか〝苦悩〟とかそういうこととはまたちょっと違う。

これは25年間、ジャニーズでアイドルグループをやってる人にしかわからないと思う。

説明の仕方がちょっと難しい』

――とフォローした。

『フォローというより余計にゴチャゴチャさせた気もするけど、
ファンの皆さんやリスナーの皆さんに伝えたいのは、
解散に至るまでに俺たちが苦しんだり辛かったり、
そういうのとは少し違う気持ちだったから、
皆さんもそこまで心配しなくても大丈夫！——ってこと』〈井ノ原快彦〉

V6の25年は、V6にしかわからない。
先輩のSMAPが解散した時、井ノ原は——

『どうして解散するんだろうな～』

——と思ったそうだが、自分たちがその立場に立ってみて、初めてわかったことがそれだ。

『解散を次のステップにすることが出来るか、それとも踏み外してしまうかは自分次第。

もちろん俺らは全員、次のステップに出来る。

だからファンの皆さんは、解散を決めるまでの俺たちに想いを投影するんじゃなく、

〝次のステップで成功する姿〟に想いを馳せて欲しい。

勝手なお願いかもしれないけど』〈井ノ原快彦〉

それが井ノ原快彦の本心。

『もちろん俺らは全員、次のステップに出来る』

お互いポジティブに、前を向こうではないか——。

井ノ原快彦フレーズ

『俺みたいな平凡な男はさ、とにかく自分自身にかける自己暗示だけで、
今までずっとやってきたようなものだから。
Jr.のオーディションを受ける時も、合格してジャニーズに入ってからも。
常に「俺はデキる！ 俺ならデキる!!」――って心の中で言い聞かせ続けて、
あらゆるハードルを乗り越えてきたんだよ』

ジャニーズ事務所に入所した当時、同期のジャニーズJr.は、「井ノ原が生き残るわけがない」と思っていたらしい。ある意味、ライバル視されていなかった男が芸能界で生き残ってきた秘訣は、「俺はデキる！ 俺ならデキる!!」――井ノ原快彦は自分に言い聞かせ続けた。

『自分が曲がりなりにもジャニーズと芸能界でやってこれたのは、
明確な目標とライバル、友がいてくれたから。
どんな仕事や生活環境でも、具体的な目標とライバルがいないと、
人生に張り合いが生まれないと思う』

井ノ原快彦がアイドルとして、芸能人として振り返る成功の理由。それは絶対に乗り越えたい目標の人、終生の友でありライバルの存在があったからだ。「香取慎吾くんは10才の頃からの〝同い年だけど先輩〟で、そして〝高い壁〟。松岡は親友と呼べるけど、香取くんは永遠に〝目標〟ですね」――井ノ原はそう語った。

『俺にとって坂本くん、長野くんとの舞台は、
何よりも気合いを入れて〝絶対に負けたくない〟仕事場。
普段、周囲からは2人とは少し距離がある風に見られてるけど、
〝これぞトニセン！〟っていう、息の合った姿を見せたい』

2017年早々、TWENTIETH TRIANGLE TOUR『戸惑いの惑星』で、東京・福岡・大阪公演を行った20th Century。〝トニセン3人の舞台に懸ける〟井ノ原快彦の強い想いが伝わってくる言葉。

『長野くんが決断したきっかけはわからないけど、俺の場合、
最終的に信じられるのは〝自分の前向きな勇気と判断だ〟ってポリシーがあるから、
それに素直に従ったまでのことですよ』

アイドルとしての転換期に差しかかった2007年、結婚に踏み切ったその決断の裏にあったのは、井ノ原の確固たるポリシーだった。

『すっごい単純な発想だけど、坂って登らないと上に着かないよね？
この先、俺たちは〝見えない頂上を目指して登り続けるアイドル〟でいいんじゃないの、
永遠に』

20周年を迎えた当時、「V6の〝次の目標〟は？」と尋ねられた時の井ノ原快彦の答え。そこには「20年なんて、まだまだ道の途中。どこにも辿り着いていない」真摯な考えがあった。26周年を迎えると同時にV6としての活動を終える今、井ノ原の〝次の目標〟は何だろうか？

『俺はリアルに仕事に対しては〝自分や家族が幸せに過ごせるかどうか〟——
そこに重点を置いて選んでるのは事実だよ。
でも自分や家族が幸せになることはV6が幸せになることで、
それはV6に関わるすべてのスタッフ、ファン、みんなひっくるめて幸せにするのが、
俺のプライドなんですよ』

〝V6に関わるすべての人を幸せにする〟——それが井ノ原快彦のプライド。
それはV6が解散してからも、決して変わらない。

エピローグ

長瀬智也のジャニーズ事務所退所、株式会社TOKIOの本格始動が目前に迫った3月27日――。

フジテレビ『KinKi Kidsのブンブブーン』エンディングトークで飛び出したKinKi Kidsの発言が、大きな話題になっている。

この日は改編期前にありがちな未公開スペシャルの総集編をオンエアしていたのだが、番組エンディングでKinKi Kidsが今後の番組についてトークしていた時の話。

このところ番組ゲストに後輩が来ることが多くなったという話題の流れで、光一が――

『じゃあV6に来てもらいましょう!』

――と言い出し、剛も、

『本当に来てもらいたい』

——と賛同。

さらに光一が——

『TOKIOとV6、一緒に来てもらいましょう!』

——と、まとめたのだ。

通常はそのあたりで話を締めるところだが、さらに剛はノリノリで——

『スペシャル番組にしません?
世代が一緒ですからね。
TOKIOとV6とKinKiで、ソーシャルディスタンスバーベキューとか。
1ヶ月(続けてオンエアでも)いけるんちゃう』

——と、具体的な企画を提案。

それを聞いた光一は満面の笑みで――

『編集大変だと思う』

――と、リアクションしたのだ。

「それを聞いたテレビ関係者の多くは、V6が解散するまでに〝間違いなく実現する〟企画だと確信しました。単なるエンディングトークでの冗談ならば、かえって視聴者を期待させるようなトークはカットする。それを見た感じでは丸々流しているので、このトークをきっかけに実現する流れを作りたいのだな――と。おそらくは夏頃にロケをやって、剛くんの言葉通り前編、中編、後編、延長戦みたいな形でオンエアされるでしょう」（人気放送作家氏）

その3組は同世代であると共に、関西出身メンバーが所属している共通点から阪神・淡路大震災チャリティー活動のためのスペシャルユニット『J－FRIENDS』を1997年12月に結成、2003年3月までプロジェクト活動を続けた盟友だ。

SNS上でのファンの反応、関心度は極めて高く――

「Jフレのソーシャルディスタンス BBQ絶対見たい」

「TOKIOとV6呼んでバーベキューは熱すぎる」

「Jフレ実現したら泣いてしまう」

――などと盛り上がった。

しかしファンや視聴者が懐古主義に浸れば浸るほど、そこに浮かび上がるのは90年代デビュー組の大きな弱点だった。

「彼らとは関係性の深いSMAP、さらには1990年代ギリギリの1999年にデビューした嵐までの5組の現状は、2016年末のSMAP解散以降、大きな転換期を迎えました。2020年末での嵐活動休止、2021年3月末での長瀬智也退所とTOKIOの独立、そして2021年11月1日でのV6解散。ジャニーズ事務所の全盛期を作り上げ、芸能界の頂点に君臨した彼らの世代が、まさに時代の変化から取り残され、時代の波に飲み込まれそうになっています。〝森田剛がいなければV6を続ける意味がない〟という気持ちそのものは理解出来ますが、5人でもグループを続ける選択肢を選ばなかったのは、SnowManやSixTONES、さらにその下のジャニーズJr.たちが駆使するインターネットの世界に、90年代組が上手く適合することが出来ていないからではないでしょうか。つまりこれからのジャニーズ事務所の戦略に、90年代組はハマっていないのです」（同人気放送作家氏）

滝沢秀明氏がタレントを引退、ジャニーズアイランドの社長に就任して以降、ジャニーズ事務所は急速にネットビジネスに進出している。

その中心がジャニーズJr.時代のSnow ManとSixTONESであり、彼らはデビューしてからも巧みにYouTubeを活用。それは10代から20代のジャニーズJr.も同じで、YouTube公式チャンネルの『ジャニーズJr.チャンネル』は、ほどなくチャンネル登録者数150万人に到達するだろう。

そうなるとテレビのバラエティ番組にこだわることなく、ファン層を拡大するツールになり得るのだ。

「テレビに絶対的な比重を置いていた90年代組と、生まれた時からスマートフォンがある世代とでは、メディアに対する意識も考え方もまるで違います。でもそんな若い世代も、競争の激しいテレビの世界で頂点を極めたノウハウを持つ90年代組の底力には敵わない。たとえばテレビ界では需要がなくなった、とんねるずの石橋貴明や江頭2:50、宮迫博之、カジサック（キングコング・梶原雄太）などがYouTubeの世界でも結果を出しているように、90年代組こそがYouTubeに本格的に進出するべきだと思っています。そして最も相応しいグループこそ、間違いなくV6です」（同氏）

かつて坂本昌行は――

『この6人はまとめようと思っても、まとまらない。
むしろ僕の言葉でまとまるようでは、つまらないグループになってしまう』

――と発言したが、その言葉にあるように、
「解散によって、その個性を存分に発揮するようになれるのでは?」
――と、ポジティブに考えよう。

これまでのV6よりも、これからのV6を――。

皆さんそれぞれの胸に、この想いを刻みながら。

V6
―ラストメッセージ―
Last
MUSIC FOR THE PEOPLE

〔著者プロフィール〕
永尾愛幸（ながお・よしゆき）

民放キー局のテレビマンを退職し、早稲田大学の社会人聴講生になった変わり種。心理学者、社会学者の肩書を併せ持ち、現在は芸能ライターとして活躍中。テレビマン時代のコネクションを活かし、彼にしか取れない豊富なネタを持つ。本書では、彼の持つネットワークを通して、V6と交流のある現場スタッフを中心に取材を敢行。6人が語った“生の言葉”と、周辺スタッフから見た彼らの“素顔”を紹介している。
主な著書に、『PRIDE V6』『V6～6人の絆、明日への誓い～』『KinKi Kids must Go On. ～2人の言葉、その想い～』『嵐～言葉ノチカラ～』『SMAP～25年目の真実～』（以上、太陽出版）がある。

V6 —ラストメッセージ—

2021年5月31日　第1刷発行

著　者…………… 永尾愛幸
発行者…………… 籠宮啓輔
発行所…………… 太陽出版
東京都文京区本郷4－1－14　〒113-0033
電話03-3814-0471／FAX03-3814-2366
http://www.taiyoshuppan.net/

デザイン・装丁… 宮島和幸（ケイエム・ファクトリー）
印刷・製本……… 株式会社シナノパブリッシングプレス

ISBN978-4-86723-038-1

◆ 既刊紹介 ◆

V6 キセキの言葉
〜 6人の軌跡、コトバの奇跡〜

永尾愛幸［著］ ¥1,200円+税

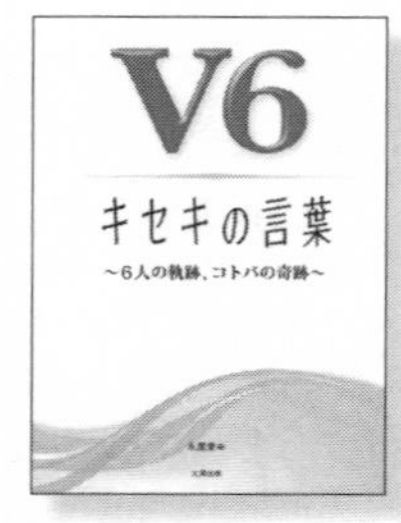

『すっごい単純な発想だけど、
坂って登らないと上に着かないよね?
この先、俺たちは“見えない頂上を目指して登り続ける
アイドル”でいいんじゃないの、永遠に』〈井ノ原快彦〉

今、彼らは何を想い、何を伝えようとしているのか?
彼ら自身の“言葉”と、周辺スタッフが語る彼らの“真の姿”を独占収録!!

◉森田剛
『必死に生きることはダサくない。
歯を食いしばることをダサいなんて思う人は、結局何も残せない』

◉三宅健
『自分を好きになる。自分の生き方を好きになる。
そうすると自分にウソをつく必要がなくなって、心が自由になる』

◉岡田准一
『大事な決断ほど早く下したほうがいい。その分、準備する時間が増えるから』

◉長野博
『金メダルをもらうより、銀メダルや銅メダルをもらったほうが成長出来る。
なぜ金メダルを取れなかったのか、その理由に向き合えば次に繋がるから』

◉坂本昌行
『口に出して“もうダメだ”って言えるうちは、全然ダメじゃない。
だって本当のダメで最悪な状況は、口に出せないぐらい辛いんだもん』

V6 勇気の言葉
〜 6人の勇気、コトバの勇気〜

永尾愛幸［著］ ¥1,200円+税

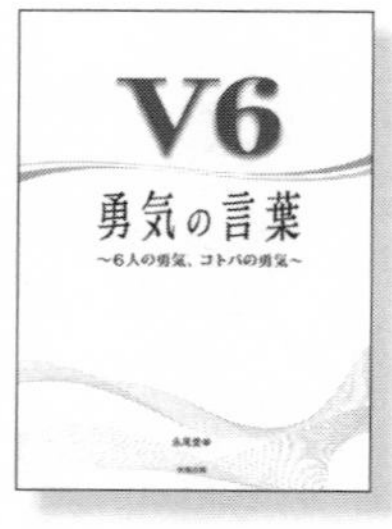

『足りないものは能力じゃなく勇気なんだよね。
そう思えばどんな大舞台も怖くない。むしろ楽しみ』〈森田剛〉

V6メンバーが舞台裏で発した言葉を中心に、
そのエピソードと共に、彼らの本質に迫る——

◆ 既刊紹介 ◆

V6
～6人の絆、明日への誓い～

永尾愛幸［著］ ¥1,300円+税

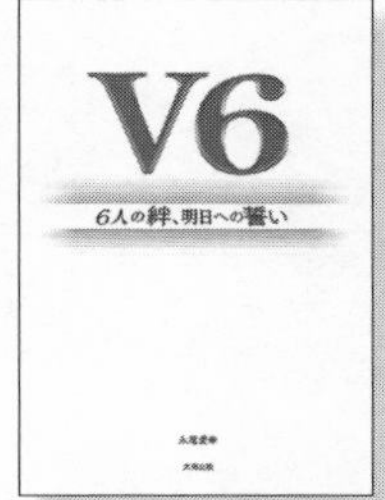

『“迷った仕事は受けてみる。迷った時は絶対に前に出ろ”
――っていう、坂本くんの教えを守ってるんです。
失敗しても成功しても、前に出てチャレンジした事実は残る。
その事実が自分を強くしてくれる』〈岡田准一〉

彼らの“原点”と、今に繋がる“想い”から読み解くV6の本質――
彼ら自身の言葉と、周辺スタッフが語る彼らの真の姿を独占収録!!

◉森田剛
『もし仮に、同じ真ん中でもトニセンに組み込まれたイノッチとか、
それこそ最年少の岡田のポジションだったら、
10年ぐらい前に逃げ出していたかもしれない。
それが坂本くんでも長野くんでも健でも同じ。
森田剛は真ん中にいるから生かされて、活かされてきたんですよ』

◉三宅健
『俺たちはいつも“答えは自分たちで探そうぜ”を合言葉にして、
必死に考える癖をつけた。
V6のメンバーになったらお兄さんたちがいたけど、
カミセンで仕事をする時はずっと昔のノリでやってたよ』

◉井ノ原快彦
『もう10年以上前の話だけど、
マッチさんに――
「どんな時でも焦るな。周囲に当たるな、無駄に怒るな。そして自分を諦めるな」
――とアドバイスされたことがあって、
それはマッチさんが美空ひばりさんから教えてもらった言葉だったんですよ』

太陽出版
〒113-0033
東京都文京区本郷4-1-14
TEL 03-3814-0471
FAX 03-3814-2366
http://www.taiyoshuppan.net/

◎お申し込みは……
お近くの書店にお申し込み下さい。
直送をご希望の場合は、直接小社宛にお申し込み下さい。
ＦＡＸまたはホームページでもお受けします。